MORRER DE VERGONHA

Blucher

MORRER DE VERGONHA

e outros ateliês

VOLUME 4

Marion Minerbo

Revisão técnica

Isabel Lobato Botter
Luciana Botter

Colaboradora

Fernanda de Barros Machado Borges

Morrer de vergonha e outros ateliês – volume 4

Editora Edgard Blücher Ltda.

SÉRIE ATELIÊ CLÍNICO
Publisher Edgard Blücher
Editor Eduardo Blücher
Coordenador editorial Rafael Fulanetti
Coordenadora de produção Ana Cristina Garcia
Produção editorial Andressa Lira
Preparação de texto Regiane Miyashiro
Diagramação Lira Editorial
Revisão de texto Juliana Leuenroth
Capa Leandro Cunha
Imagem da capa "Sem título", Marion Minerbo, 2023

Blucher

Rua Pedroso Alvarenga, 1245, 4º andar
04531-934 – São Paulo – SP – Brasil
Tel.: 55 11 3078-5366
contato@blucher.com.br
www.blucher.com.br

Segundo o Novo Acordo Ortográfico, conforme 6. ed. do *Vocabulário Ortográfico da Língua Portuguesa*, Academia Brasileira de Letras, julho de 2021.

Dados Internacionais de Catalogação na Publicação (CIP)
Heytor Diniz Teixeira, CRB-8/10570

Minerbo, Marion
Morrer de vergonha: e outros ateliês/Marion Minerbo; revisão técnica Isabel Lobato Botter, Luciana Botter; colaboradora Fernanda de Barros Machado Borges – São Paulo: Blucher, 2025.

152 p. (Série Ateliê Clínico, 4 v.)

Bibliografia
ISBN 978-85-212-2683-3 (Impresso)
ISBN 978-85-212-2684-0 (Eletrônico - Epub)
ISBN 978-85-212-2681-9 (Eletrônico - PDF)

1. Psicanálise. 2. Clínica psicanalítica. 3. Relatos de caso. I. Título. II. Série. III. Botter, Isabel Lobato. IV. Botter, Luciana. V. Borges, Fernanda de Barros Machado.

CDD 159.964.2

Índice para catálogo sistemático:
1. Psicanálise CDU 159.964.2

Para você.

Agradecimentos

Em primeiríssimo lugar, agradeço às e aos colegas que apresentaram material clínico nos meus ateliês. Não cito nomes porque, preservando a identidade do analista, não há como identificar o paciente. A alma da *Série Ateliê Clínico* depende inteiramente de sua generosidade e da autorização final para a publicação.

Às e aos jovens colegas que têm participado dos meus ateliês todos esses anos. Sempre me emociono ao ver que o tipo de discussão que proponho faz sentido e confirma para todos nós a beleza da psicanálise. Foi o que me motivou a compartilhar nosso processo com o público psi.

À Fernanda de Barros Machado Borges, minha colaboradora, por sua incrível capacidade de reconhecer, em pleno processo, os movimentos mais importantes dos ateliês e transformá-los em texto. Sem essa matéria-prima preciosa seria difícil produzir esta Série.

Ao Gabriel Gualtieri, pela cuidadosa leitura e interlocução de cada ateliê. Um leitor qualificado que me conte como estou sendo lida – o que faz sentido e o que não faz, o que está claro e o que precisa ser mais bem explicado – é tudo de bom. É essencial.

À Bruna Paola Zerbinatti, pela quarta capa. É bom contar com uma jovem colega e amiga cuja intimidade com textos lhe permite fazer uma leitura crítica, bem como extrair as ideias essenciais. Saber ler é um talento.

À Isabel Lobato Botter e Luciana Botter, que há anos me acompanham na lida com as palavras. Fico feliz com o "retorno de AnaLisa", a jovem colega que veio ao mundo com os *Diálogos sobre a clínica psicanalítica* (Blucher, 2016). Estava sentindo sua falta. Agradeço demais pela leitura, pela ajuda com a bibliografia e pelo amoroso trabalho de revisão.

À Liana Pinto Chaves, pela amizade de tantos anos e pela generosa hospedagem por ocasião da minha estadia no Brasil no verão de 2023. Foi na tranquilidade proporcionada por seu acolhimento que foi cravada a pedra fundamental da *Série Ateliê Clínico*.

À Cris Rocha e Kika Levy, minhas queridas mestras na arte da gravura. Nosso reencontro a cada ano me faz sonhar. Estar grávida de um livro é também sonhar com a capa e produzir a gravura que vai ilustrá-la.

Ao maravilhoso time da Blucher, pelo entusiasmo com que acolheram a proposta.

Às minhas leitoras e aos meus leitores. Escrevo para vocês.

Conteúdo

Algumas palavras

Este é o quarto volume da *Série Ateliê Clínico*. Embora cada volume possa ser lido de forma independente, recomendo ao leitor começar a jornada pela leitura do primeiro volume, *Para que serve uma análise?*, no qual justifico a pertinência e apresento os pressupostos teóricos que formam o pano de fundo do meu trabalho.

Cada ateliê nos confronta com um desafio diferente. O relato mostra o esforço que precisamos fazer para reconhecer "quem" é o paciente que está na nossa frente de modo a conduzir aquela análise de forma mais produtiva. Mostra também como cada ateliê é a ocasião para integrarmos teoria e clínica e discutirmos questões pertinentes àquele caso.

Quando me perguntam como eu gostaria que trouxessem o material clínico, explico que não quero as tradicionais sessões dialogadas porque me dão a sensação de material clínico fixo em formol. Prefiro uma apresentação espontânea, viva, de qualquer coisa que tenha chamado a atenção do ou da colega que está apresentando o caso. A ideia é irmos construindo o caso juntos, ao longo do ateliê.

Neste quarto volume, temos novamente três ateliês. No primeiro ("Morrer de vergonha"), Oscar sabe/não sabe de sua posição desejante passiva, ou melhor, de uma forma de gozo que poderíamos descrever como "ser (vergonhosamente) feito de otário". No segundo ("'Era só para zoar!'"), Marcos se deprime porque, fascinado e intimidado pela figura paterna – vista como modelo de virilidade inalcançável –, permaneceu infantilizado. Não consegue bancar o desejo nem mostrar a que veio. Escolhi colocar Oscar e Marcos lado a lado porque permitem reconhecer duas modalidades do sofrimento masculino relacionadas, dentre outros fatores, ao fracasso de corresponder a um ideal de virilidade. O terceiro ateliê ("A gata majestosa") trata de Marta que, na impossibilidade de sentir ódio da mãe, a quem ama de paixão, odeia uma gata que "não faz questão dela". É no campo transferencial que o significante "dar o mínimo" nomeia o traumático da exclusão do psiquismo materno.

Nos três relatos, você vai reconhecer meu método de "ir construindo o caso" ao longo dos quatro encontros. E vai poder acompanhar de que modo as hipóteses e o pensamento clínico elaborado revertem para a condução daquela análise.

Ateliê 1
Morrer de vergonha

Este foi o primeiro ateliê que registrei por escrito, ainda em 2022, bem antes de ter tido a ideia de publicá-los no formato da *Série Ateliê Clínico*. Embora uma versão resumida dele já tenha sido publicada em 2023[1], quis que a versão completa constasse aqui, acrescida de um pós-escrito redigido agora, em 2025. Neste, faço uma releitura do sintoma que traz Oscar para análise a partir de um conceito lacaniano novo para mim: "gozo parasita". Ele me parece indispensável para organizar e dar sentido a alguns aspectos do material clínico.

Esse caso tem o interesse de ilustrar duas formas de presença do analista em seu trabalho clínico. Uma delas, a mais clássica, é escutar o material como se fosse um sonho: seguir as trilhas associativas, "dar corda" e fazer pequenos toques disruptivos encaminhando o processo de desvelamento

1 Uma versão deste texto está publicada em Almeida, A. P. (org.). (2023). *Muito além da formação: diálogos sobre a transmissão e a democratização da psicanálise*. Cap. 9 – "Contribuições do ateliê clínico à formação do psicanalista", pp. 215-238. Blucher.

do recalcado. É o que Roussillon (1999) chama de "simbolização secundária". Entretanto, quando as trilhas associativas se interrompem, quando há um buraco no tecido das representações, cabe ao analista "sonhar" o pesadelo no qual o paciente está aprisionado. O processo de simbolização primária solicita sua imaginação clínica, ou *rêverie*. Duas formas de presença do analista: escutar como se fosse um sonho e "sonhar" o pesadelo que se repete. Falei muito sobre isso no capítulo "Trauma e simbolização" no meu livro *Diálogos sobre a clínica psicanalítica* (2016a).

Além disso, foi interessante ver como a clínica convocou uma discussão sobre a diferença entre o sofrimento neurótico e não neurótico. Como numa partitura musical, as mesmas notas (o material clínico) poderiam ser lidas tanto na clave de Sol quanto na clave de Fá. A depender da interpretação da partitura, a melodia é totalmente diferente. Durante um tempo, pensamos estar em terreno não neurótico. Em algum momento, nós nos demos conta de que esse material poderia ser lido também como pertencendo a um terreno neurótico. A situação atual "acordou" uma dimensão do traumático, lançando o paciente, cujo funcionamento psíquico é predominantemente neurótico, em uma "fenda geológica" de natureza não neurótica. Essa fenda colocou uma dificuldade a mais na integração da posição desejante passiva, componente normal – embora conflituoso – da sexualidade infantil. O prazer ligado à passividade estava atravessado pelo traumático da passivação, de tal forma que Oscar temia a primeira como se fosse a segunda.

O tema desse ateliê é a masculinidade ultrajada e revela o horror ao feminino, tão comum na nossa cultura. Durante a discussão, não chegamos a abordar os elementos ligados ao machismo estrutural, que certamente contribuem para que Oscar se sinta emasculado e envergonhado por ter sido feito de "otário", isto é, de ter sido tratado como uma "mulherzinha".

Primeiro encontro

Oscar tem em torno de cinquenta anos e é casado. Procura análise depois de uma traição que cometeu.

> *Eu estava saindo da casa de "massagem" (erótica) que frequentava. Uma massagista, que eu não conhecia, me pediu carona. Achei estranho. Sabia que não tinha que dar carona, mas dei. Ela sugeriu a gente parar num bar para tomar cerveja. Nos encontramos assim por oito meses. Gostava de conversar com ela. Parecia que ela também gostava de mim.*
>
> *Lá pelas tantas, propôs que eu me separasse da minha mulher para ficar com ela. Eu estava pensando seriamente nisso, até o dia em que revelou que era casada. Fui pego de surpresa. Não tinha percebido que era um golpe. Encerrei o caso com um buquê de flores, mas fiquei arrasado. Cheguei a pensar em me matar, ou em mudar de cidade.*

É difícil entender por que ele chama o caso com a mulher da carona de "traição". Por um lado, Oscar sempre traiu a mulher e nunca se incomodou com isso ("todos os homens traem"). Por outro, com essa massagista, não aconteceu nada além das conversas no bar.

Pergunto à colega por que ele ficou arrasado, isto é, como ele traduziu para si mesmo a situação. Estamos interessados no *sentido* que ele atribui ao fato, pois interpretamos tudo o que nos acontece a partir do nosso mundo interno.

Ela esclarece que ele não ficou arrasado porque foi rejeitado, mas sim porque *morreu de vergonha* por não ter percebido que era um golpe. Vergonha, nas palavras dele, de ter sido tão otário. Segundo ele, a única solução seria se matar, ou mudar de cidade.

Vejam: Oscar poderia ter sentido ódio da massagista, e poderia até tentar se vingar para restaurar seu narcisismo, como acontece, por exemplo, nos feminicídios. Mas não! Ele vive a situação como vergonha gigantesca. A culpa é dele: ele é que foi otário! O ódio se dirige a si mesmo. Estamos sendo introduzidos em seu universo mental.

Aos olhos de um leigo, querer se matar por ter sido enrolado por uma massagista parece um exagero. Um amigo poderia tentar consolar Oscar sugerindo que esqueça o ocorrido, mas nós sabemos que conselhos são inúteis porque ele está preso nesse acontecimento. Nosso ponto de partida, então, é tentar entender por que Oscar reage de maneira que parece tão desproporcional.

Vejam como teoria e clínica se iluminam reciprocamente: não temos como entender isso sem os conceitos de inconsciente e transferência. O pressuposto número um da psicanálise é que algo da ordem do inconsciente está sendo transferido para aquela situação. Por isso sua reação é tão intensa. O que estaria sendo transferido para a situação com a massagista?

Oscar sente vergonha por ter sido um otário. Vimos que não é uma vergonha qualquer, como vocês e eu certamente já sentimos na vida. Ele quer, literalmente, morrer de vergonha. Dada sua desproporção, reconhecemos aí um afeto em estado bruto. Quando nos deparamos com esse tipo de afeto, pensamos na "atualização transferencial do traumático" (Roussillon, 1999; Green, 2012; Minerbo, 2019a).

M – O QUE SIGNIFICA "ATUALIZAÇÃO TRANSFERENCIAL DO TRAUMÁTICO"?

- *Significa que Oscar tem 50 anos, mas a situação com a massagista "acordou" alguma experiência da criança-no-adulto, conforme Ferenczi (1909/1991; 1933/1992b).*
- *Significa que a massagista não é só a massagista. Ela é também o suporte transferencial de uma figura do passado.*

- *Significa que a tal massagista disse ou fez algo que cutucou um "nervo exposto": uma ferida emocional mal cicatrizada se abriu novamente.*

Na verdade, podemos dizer que toda a situação tem um colorido *alucinatório*. Oscar procura análise porque precisa de ajuda para transformar a alucinação em mera fantasia. Precisa criar uma representação simbólica para essa experiência para poder integrá-la.

~

M – AINDA NÃO ENTENDEMOS O QUE FOI QUE A MASSAGISTA FEZ, OU DISSE, QUE ACORDOU UMA SITUAÇÃO TRAUMÁTICA DO PASSADO.

Oscar também não sabe. E não sabe pela boa razão de que o que torna a situação atual "mal-assombrada" são elementos inconscientes. Algo da ordem do inconsciente clivado ou do inconsciente recalcado está infiltrando, está recobrindo a situação vivida com a massagista. Recalque e clivagem são duas defesas psíquicas. Elas se referem aos dois tipos de inconsciente teorizados por Freud, respectivamente, na primeira tópica, e na segunda tópica.

M – O QUE DIZ A TEORIA?

- *O recalque é a defesa que elimina da consciência representações ligadas ao desejo e à sexualidade que produzem conflito e angústia.*
- *A clivagem é diferente. Experiências vividas como* ameaça à integridade do eu *produzem outro tipo de angústia – angústias primitivas – que* travam *o aparelho psíquico. Ele não consegue criar representações para a experiência vivida. Por isso ela fica clivada.*

M – POR QUE ISSO É IMPORTANTE?

Porque se a situação com a massagista for entendida como *retorno do recalcado*, estamos em terreno neurótico. Porém, se for entendida como *retorno do clivado* – marcas de um traumático ainda sem representação – estamos em terreno não neurótico (Green, 2012; Minerbo, 2019c). E, em termos de trabalho analítico, isso exige caminhos diferentes.

Neurose e não neurose são, pois, os dois grandes territórios da psicopatologia psicanalítica. Nesse momento do ateliê, ainda não sabemos em que terreno estamos pisando. Precisamos reconhecer "quem" é essa pessoa para que nossas intervenções façam sentido para ela. Caso contrário, a análise roda em falso.

M – VAMOS RETOMAR A SITUAÇÃO COM A MASSAGISTA. COMO OSCAR A DESCREVE?

1. *"Eu não vi o que estava acontecendo". Freud (1920/2010e) define o traumático como um acontecimento intenso que pega a pessoa de surpresa e arrebenta a pele protetora do psiquismo. A pessoa fica presa dentro de um pesadelo.*
2. *"Fui um otário". Essa palavra indica uma ferida narcísica gigantesca. Ele prefere morrer a encarar o desprezo que imagina que os outros vão sentir por ele – é o desprezo que ele mesmo sente por ter sido otário. Os japoneses cometem o* sepuku, *ou* haraquiri: *matar-se segundo o procedimento tradicional é a única maneira de resgatar a honra e a dignidade perdidas. Isso sugere que não há elaboração psíquica possível.*

Em função desses dois elementos, minha primeira hipótese é de que estamos em terreno não neurótico.

A analista continua seu relato. Oscar diz que a esposa descobriu a traição e fala disso todos os dias. Ele não aguenta mais essa tortura.

M– QUAL É A TORTURA, DO PONTO DE VISTA DELE?

A tortura não é ter de conviver com uma esposa magoada ou ressentida. Muito menos algum sentimento de culpa. A tortura é a esposa ser *testemunha* de como ele foi otário por ter acreditado que a massagista estava apaixonada por ele. A cada vez que a mulher fala da traição, ele é obrigado a sentir aquela vergonha de novo.

M – MAS, AFINAL, POR QUE A SITUAÇÃO COM A MASSAGISTA SE TORNOU MAL-ASSOMBRADA? QUE FERRAMENTAS CONCEITUAIS AJUDAM A ENTENDER ISSO?

- *A massagista fez ou disse alguma coisa que* acordou a criança-nele *(o infantil ou o arcaico).*
- *Ele já viveu algo análogo – algo com o mesmo jeitão – no passado.*
- *Esse algo volta "do além" (recalcado ou clivado) para assombrá-lo.*
- *O alucinatório cria o clima de pesadelo do qual ele não consegue sair.*

Continuando. Se, em vez de *recordar* algo do passado, ele está *revivendo* a experiência traumática, é porque o passado não passou: aquilo continua acontecendo no presente porque não recebeu sepultura simbólica adequada (Roussillon, 2001; Minerbo, 2016a). Por isso, nós vamos escutar o material clínico trazendo elementos pertencentes, simultaneamente, ao passado e ao presente. As personagens que aparecem serão escutadas como figuras *internas e externas ao mesmo tempo.*

~

A colega continua a apresentar o caso. Conta ao grupo que, logo na primeira sessão, depois de falar longamente sobre a "traição", Oscar associa a uma cena de infância. Essa primeira associação é preciosa porque é a abertura para a elaboração do traumático.

> *Eu devia ter uns oito anos. Estava na chácara da família brincando com meu primo mais velho, de quem eu gostava muito. Ele me chamou para ver uma coisa atrás da casa. E lá ele me abusou sexualmente. Eu tinha me esquecido completamente desta cena. Agora, ela não me sai da cabeça.*

À primeira vista, o primo não tem nada a ver com a massagista, mas com o inconsciente não se discute. Se ele fez essa associação, é porque tem. Agora, a massagista e o primo fazem parte de uma mesma série psíquica. Essa noção é de Freud (1905/2016), que propôs uma equivalência simbólica entre pênis/bebê/fezes/dinheiro. De alguma forma, primo e massagista se equivalem. A série psíquica é um conjunto de imagens, cenas ou representações que têm uma mesma organização, uma mesma *Gestalt*. Elas têm um mesmo "jeitão", são equivalentes do ponto de vista psíquico porque derivam da mesma matriz inconsciente.

A colega continua a apresentação. Ela está falando de uma viagem que Oscar fez à Turquia. Conforme vai contando, minhas orelhas analíticas ficam de pé. Antes de entrar no assunto, resolvo "abrir um parêntese" para falar um pouco sobre escuta analítica.

A atenção é flutuante, mas não é passiva. É uma *escuta criativa* porque efetua certos recortes no material clínico. Vamos acompanhando em silêncio o que está sendo dito até que identificamos algo que nos parece importante.

M – AFINAL, POR QUE MINHAS ORELHAS FICARAM DE PÉ?

Enquanto a colega descreve a cena na Turquia, minha atenção é atraída pela repetição do mesmo elemento que eu havia reconhecido na série psíquica *massagista* e *primo*. A repetição de um elemento atrai nossa atenção porque sabemos que, mesmo quando aparecem em contextos diferentes, provêm da mesma matriz inconsciente em busca de elaboração. Vamos à cena!

> *Eu estava na Turquia a trabalho. Não conhecia ninguém. Estava almoçando e fui abordado por um homem que começou a bater papo comigo. Quando viu que eu estava sozinho, se ofereceu para me mostrar a cidade. Eu não queria, sabia que não tinha de aceitar, mas ele insistiu tanto que acabei aceitando. Ele me levou a um bar afastado do centro. Lá tinha umas garotas de programa e vários homens de dois metros por dois, que pareciam da máfia russa. Pedi uma cerveja e quis ir embora. Me apresentaram uma conta de dois mil dólares. Paguei para não acontecer coisa pior. Mas saí de lá me sentindo um otário.*

Que lindo fragmento! Temos, por um lado, a repetição dos elementos que Oscar relatou sobre a massagista e o primo:

- Sabia que não tinha que ir, mas foi.
- Não percebeu o que estava acontecendo até ser tarde demais.
- Foi feito de otário, caiu num golpe.

E, por outro lado, há um elemento novo: os *homens da máfia russa*.

Terminamos o primeiro encontro reconhecendo que houve, é claro, um golpe financeiro, mas o pior foi o golpe no seu narcisismo. Que golpe foi esse? Ele "deu" – e agora no sentido sexual – para os homens da máfia russa. Deu bonitinho, sem reclamar. O golpe no seu narcisismo tem a ver com a posição passiva frente aos abusadores. Foi assim também com o primo.

Segundo encontro

Começo retomando a série psíquica que vimos no primeiro encontro: a massagista e o primo. Relembro o novo elemento que surgiu na cena da Turquia: os homens da máfia russa e o golpe de dois mil dólares. Ainda não sabemos o que esses homens têm a ver com a massagista.

Mas imaginem a cena: um turista ingênuo, desavisado, em um lugar totalmente desconhecido, a quem se propõe uma "ajuda" que não foi solicitada. Para mim, é a representação da criança que não decodifica o que, exatamente, aquele adulto deseja lhe oferecer (ou subtrair). "Otário", aqui, tem o sentido de ingênuo: ela não tem o repertório sexual para traduzir a situação, que é vivida como enigmática. "Cair num golpe", nesse contexto, pode ter o sentido de sofrer uma violência de natureza sexual.

Vejam, isso é a mente do analista trabalhando! Os conceitos estão todos aí. Em primeiro lugar, a ideia de sexualidade infantil; os significantes enigmáticos de Laplanche (1992); o traumático ligado à confusão de línguas entre o adulto e a criança, de Ferenczi

(1933/1992b). No entanto, para além dos conceitos, é minha *imaginação clínica* que enxerga, no "golpe" que fere o narcisismo de Oscar, a metáfora de um *estupro*. Aqui, minha mente trabalha como se estivesse interpretando um sonho: "sonhei que tinha ido à Turquia...".

> M – Opss! Seria um sonho de realização de desejo? Ou um sonho de angústia, como diz Freud (1920) em "Além do princípio do prazer"?

Talvez seja o segundo caso – um pesadelo! Sim, porque, na minha escuta, a cena na Turquia, em que ele é obrigado a dar dois mil dólares por uma cerveja, é um estupro. Possivelmente, "vejo" a cena da Turquia como um estupro porque o material sobre o abuso cometido pelo primo mais velho continua reverberando em mim. O importante, aqui, é que a escuta analítica se descola do conteúdo manifesto quando consegue criar, com base no material clínico, o que Freud (1900/2019) chamou de "conteúdo latente".

Em português, existem muitas expressões que se referem à humilhação do otário que é penetrado à força por outro homem. Nenhuma é muito bonita. Peço licença ao grupo para usar algumas delas, porque só assim conseguiremos empatizar com a vergonha gigantesca de Oscar. Do seu ponto de vista, ele "se ferrou", "foi enrabado", "se fodeu", "foi estuprado", "tomou no cu" etc. *Spoiler*: no terceiro encontro esse material será lido na linha do desejo infantil.

A violência, que até então era enigmática, ganha um nome. Agora "enxergamos" a criança-em-Oscar enrabada por homens da máfia russa, adultos de "dois por dois". Ao escutar isso, a colega que apresenta o caso confirma que Oscar usa o termo "enrabado" com muita frequência. Agora que ele é adulto, ressignifica o que lhe aconteceu quando tinha oito anos. É o trauma em dois tempos, como assinalaram Freud e Breuer (1895/2016) em *Estudos sobre a histeria*. A cena atual teria, então, um efeito traumático retroativo. Ele nunca mais tinha pensado nisso, porém agora não consegue deixar de pensar.

Outro elemento comum às duas cenas – com o primo e com os homens da Turquia – é a *assimetria*. O primo e os homens da máfia russa são maiores do que ele, mais fortes, mais espertos. Ele é a criança sexualmente imatura, curiosa sobre o que seria esse conhecimento que só os "grandes" detêm.

Quando algum sentido está em gestação, como aqui, proponho aos participantes do ateliê o que chamo de *exercícios de intervenção.*

M – O QUE PODERÍAMOS DIZER A OSCAR QUANDO ELE CONTA A CENA DA TURQUIA?

O ideal é que as intervenções sejam simples, bem próximas do material, um pequeno toque para que o paciente continue associando. Idealmente, as intervenções se dirigem tanto ao Oscar adulto quanto à criança-em-Oscar. Vamos ver como seria isso com o material da Turquia.

- *Você não viu o que estava acontecendo, como quando deu carona para a massagista.*
- *Você sentiu que estava em perigo com esses homens de "dois por dois"!*
- *Você foi com ele porque ficou curioso. Foi por isso que se sentiu um otário?*
- *Nossa, esse golpe de dois mil dólares foi um verdadeiro estupro!*
- *Ele te levou para um bar longe do centro. Como o seu primo, que te levou para trás da casa.*

Depois de uma rodada de intervenções, pergunto à analista de Oscar: "O que você acha que ele faria com essas interpretações? Você acha que ele poderia usá-las para continuar associando? Ou, ao contrário, ele levaria um susto e reforçaria suas defesas?". A resposta da colega é fundamental para sabermos "com quem" estamos falando, "onde" ele está, em que terreno psíquico estamos pisando. Isso nos ajuda a calibrar nossas intervenções. Nossa colega acha que ele ficaria surpreso com esse tipo de intervenção, mas que conseguiria usá-las para continuar associando. Agora que escrevo, isso sugere que a trama de representações está disponível, o que nos levaria a pensar em terreno neurótico.

~

Diante dessa rodada de intervenções, nas quais não há menção direta à analista, uma colega pergunta: "e a transferência?".

Começo esclarecendo que tudo o que vimos até agora diz respeito à transferência. Trago a ideia de *dupla transferência*, de Green (1984): transferência sobre a linguagem e transferência sobre o objeto.

A primeira, desenvolvida por Freud na *Interpretação dos sonhos*, é a transferência das *intensidades* ligadas ao material inconsciente (o infantil, a criança-no-adulto) para as representações (as imagens do sonho, as associações do paciente). A segunda, desenvolvida por Freud com o caso Dora, é a transferência sobre o objeto.

Podemos sintetizar a proposta de Green sublinhando que uma se refere à transferência de material *intrapsíquico* inconsciente (recalcado e clivado), e a outra diz respeito à transferência de identificações inconscientes que serão agidas no vínculo *intersubjetivo*, convocando a contratransferência. As dimensões intrapsíquica e intersubjetiva da transferência estão sempre articuladas.

O material que surgiu até agora tem a ver com a transferência de material intrapsíquico. Criei o termo "historinhas" para chamar a atenção dos colegas para relatos aparentemente sem importância, mas que, na verdade, continuam sendo "a via régia para o inconsciente". É frequente que material do tipo "historinhas" seja negligenciado pelo colega que, aflito, está tentando identificar a transferência intersubjetiva sobre o analista. É uma pena. Esclareço que esta última, que sempre está lá, pode levar muito tempo para ser reconhecida porque depende da elaboração da contratransferência.

Para continuar respondendo à importante pergunta da colega, esclareço, ainda, que *transferência sobre o analista* não é sinônimo de "relação com o analista". O termo relação nos remete aos afetos ou à experiência emocional que podem ser captados num nível consciente. Prefiro falar, como fizeram os Baranger (1961), na Argentina, e Fabio Herrmann (1979/2001), no Brasil, em campo transferencial-contratransferencial. O termo "campo" se refere à estrutura intersubjetiva inconsciente que determina afetos ou emoções conscientes. Vou explicar com um exemplo.

Na relação com seu analista, um paciente sente medo. Medo de atrasar o pagamento, medo de não ser suficiente, medo de dizer algo que vá ofender o analista. Estamos falando de um afeto mais ou menos consciente. Mas, por que o paciente sente medo? Porque, nesse campo transferencial, o analista está sendo vivido como uma Entidade (objeto interno arcaico, absoluto, onipotente) acima do bem e do mal que pode acabar com a criança-no-paciente. Se o analista está sendo visto e sentido como Entidade, é claro que o paciente vai sentir medo. Ou seja: o medo é consciente, mas construir transferencialmente o analista como Entidade é da ordem do inconsciente. Seremos surpreendidos ao perceber que, apesar da nossa boa vontade, o paciente nos vê como um perseguidor. Por isso acho pobre reduzir tudo isso a "relação com o analista".

E pode acontecer o contrário. Pode acontecer de nós termos medo da violência do paciente. Acontece muito com pacientes paranoicos. Nesse caso, estaremos identificados com a criança-no-paciente, enquanto ele estará identificado à Entidade. Isso mostra que as identificações que constituem o campo transferencial-contratransferencial são complementares e intercambiáveis.

Enfim, o importante nessa discussão é que reduzir a transferência à relação com o analista empobrece o pensamento clínico. Pensar em termos de campo transferencial-contratransferencial constituído por identificações complementares acentua seu caráter intersubjetivo. Deixa claro que cada sujeito ocupa uma posição identificatória inconsciente, que é, rigorosamente, complementar àquela ocupada pelo analista. É como no teatro, em que o próprio diálogo entre dois personagens que estão no palco esclarece quem é quem.

Com o material clínico de que dispomos até aqui, ainda não consigo reconhecer quais são as posições ocupadas por paciente e analista. Isso não é um problema. Vamos esperar até que essas posições emerjam com mais clareza. Enquanto isso, podemos fazer intervenções que *esquentem a temperatura do campo transferencial.*

Por exemplo, podemos usar a palavra *estupro*, e observar o que o paciente faz com isso. "Nossa, esse golpe de dois mil dólares foi um verdadeiro estupro!" Se ele levar um susto, ou se ofender com essa palavra, sabemos que a temperatura do campo transferencial esquentou.

No exato momento em que dou esse exemplo, ocorre-me uma ideia sobre quais poderiam ser as posições identificatórias nesse campo transferencial.

M – VOCÊS SE LEMBRAM DA ESPOSA DE OSCAR, TESTEMUNHA DE SUA HUMILHAÇÃO?

Ele usou o termo "tortura" para descrever o que ela faz com ele! Pois bem: a situação analítica deve ser uma tortura para o pobre Oscar. Ele não diz nada sobre isso. Ele simplesmente vai às sessões e fala sobre o que precisa falar. O que nós não vemos, mas agora intuímos, é que ele morre de vergonha da analista, que será mais uma testemunha de sua humilhação. Entretanto, eu não interpretaria a transferência nesse momento. Em vez disso, o que precisamos é interpretar *na transferência.*

M – O QUE SIGNIFICA INTERPRETAR NA TRANSFERÊNCIA?

Significa fazer intervenções tomando em consideração o que acabamos de entender sobre esse campo transferencial. De um lado, tomando cuidado para não cutucar a ferida narcísica, repetindo o que faz a esposa; de outro, não podemos fingir que nada aconteceu, como faria um amigo que dissesse "esquece, bola para frente". Qualquer intervenção que aborde o material (p. ex., o golpe narcísico/estupro de dois mil dólares), cuidando para que ele não se sinta ainda mais humilhado, é o trabalho possível e necessário no *campo transferencial.* Se a intervenção do analista for vivida como humilhante, será o caso de *interpretar a transferência*: "você tem medo de que, por dentro, eu esteja rindo de você, como sua esposa".

~

Nossa colega traz mais elementos do caso. Ela quer compartilhar um fragmento que achou bastante enigmático. Tanto o pai quanto o avô morreram atropelados por um carro. As orelhas psicanalíticas ficam de pé.

> *Meu pai tinha ganhado um dinheiro e tinha acabado de comprar um apartamento novo no Rio. Estava feliz da vida, andando distraído pelo calçadão. Foi atropelado e morreu.*
> *Meu avô, pai do meu pai, morava no interior. Quando vinha a São Paulo, andava pelo centro parecendo um*

jeca, olhando para cima, para os prédios. Foi atropelado atravessando fora da faixa de pedestres.

De fato, é bem estranho. Aqui é difícil ver qualquer conexão com cair num golpe, como no material da massagista e da Turquia, mas tem tudo a ver com ser pego de surpresa. O elemento traumático é evidente, pois os dois morrem atropelados. Quando ouvi a descrição dessas cenas, veio-me novamente a imagem de um *estupro anal*:

- *O avô-jeca foi visitar a cidade grande e foi atropelado. Um avô-jeca é como uma criança inocente, ingênua, maravilhada com o que está vendo, e que não sabe dos perigos que corre. Como o turista desavisado na Turquia.*
- *O pai está tão feliz com seu sucesso que não presta atenção. Talvez estivesse com o seu ego tão inflado quanto o de Oscar, quando pensava que a massagista estava apaixonada por ele.*

As duas cenas desenham uma representação bastante clara da figura paterna: infantil (jeca), pouco viril, atropelada, enrabada.

Em seguida, a colega continua trazendo farto material clínico sobre o trabalho de Oscar. Descreve os vários negócios que fechou com os clientes. Nada se destaca particularmente na minha escuta. Pergunto, então, o que ela acha que Oscar está tentando lhe dizer, ou lhe mostrar, com tudo isso. Sua resposta é rápida: ele quer mostrar como é esperto nas negociações, levando sempre a melhor.

M – Então Oscar se descreve como um machão nos negócios!

No conteúdo manifesto, Oscar está falando sobre seu trabalho. Esse material é maravilhoso porque nos dá acesso às posições identificatórias invertidas! Ao contrário de tudo o que vimos até aqui, agora ele é o gerente esperto que não será feito de otário: é ele que faz os clientes de otários! É ele quem enraba os coitados! O interessante é que isso contrasta com a contratransferência: a colega vê Oscar como um *frangote*, um pequeno galo de briga que tenta exibir sua potência, mas desafina, como a voz do adolescente que oscila entre o grave e o agudo. É mais um elemento que fala a favor de alguma dificuldade com a identidade sexual masculina.

A colega associa, então, com mais um fragmento. Oscar havia contado que, há mais de vinte anos, viveu durante dois anos em outro país, para o qual se mudou a trabalho. Ia e voltava a cada três meses para o Brasil porque sua esposa não quis ir com ele. O elemento importante dessa história é o comentário do chefe, do qual ainda se lembra: "Como assim, sua esposa não quis vir morar aqui? E você permitiu?". Para Oscar, o chefe estava colocando sua masculinidade em questão: "afinal quem manda na sua casa, você ou sua mulher?".

O tema da masculinidade ultrajada se repete: quem enraba quem, quem é ativo e quem é passivo. Há uma linda sucessão de associações livres por parte da analista que enriquecem nosso pensamento clínico.

Terceiro encontro

Depois da recapitulação do encontro anterior, uma das participantes do ateliê coloca uma excelente questão: será que não poderíamos ler todo esse material na chave edipiana, em que ele se oferece, com sua sexualidade infantil, para ser penetrado pela figura paterna? Algo na linha da histeria ou do masoquismo? Ou pelo menos na linha de uma *posição desejante passiva*? Nesse sentido, "ser atropelado" teria uma dimensão *ativa*, no sentido de *se expor ativamente ao risco* e ao perigo de ser penetrado. Vamos examinar essa hipótese.

Vimos elementos que falam a favor de terreno arcaico, não neurótico: Oscar vivendo dentro de um pesadelo/intensidade da reação/

morrer de vergonha/afeto em estado bruto que desorganiza o psiquismo. Estupro anal/relação assimétrica/homens da máfia russa/primo que abusou dele/dois atropelamentos que resultam em morte.

Mas a colega tem razão: podemos perfeitamente ler todo esse material, no qual a ferida narcísica é evidente, também na chave edipiana. Não podemos esquecer que os caminhos de Édipo e de Narciso se cruzam e se potencializam.

M – Como ficaria a releitura desse material na chave edipiana?

A criança-em-Oscar "sabe que não tem que ir, mas vai" (com a massagista, o primo e os homens da máfia russa). O conteúdo homossexual pode indicar, sim, o Édipo invertido, isto é, a posição passiva do menino que deseja ser penetrado por um pai visto como viril, como os homens da máfia russa. Seria uma posição desejante homossexual recalcada. A situação vivida com a massagista é disruptiva na medida em que revela, inopinadamente, algo do desejo inconsciente.

Na verdade, essa seria uma posição desejante que coloca um *conflito*: quer, e não quer, ser penetrado. Ele quer, e não quer, dar carona; quer e não quer ir brincar com o primo; quer e não quer ir com o bandido da Turquia. Nessa linha de raciocínio, ele resolve o conflito de maneira histérica: "não sou eu que desejei, foi ele que me possuiu à força" (Freud & Breuer, 1895/2016). Será que poderíamos imaginar uma intervenção de prova para saber se o desejo está recalcado, mas acessível à interpretação?

Pergunto à colega como ela imagina que Oscar reagiria a uma intervenção do tipo "talvez você não tenha sido otário, talvez tenha ficado fascinado pela massagista". Ela acha que ele ficaria furioso. Repetiria que *foi um otário, sim*, porque quase se separou da esposa, a quem diz amar, por causa dessa mulher que ele odeia. Como entender essa reação? A indignação tanto pode indicar que tomamos o caminho errado (ele pode ter sentido que não estamos levando a sério o que ele diz), como, ao contrário, que estamos no caminho certo (tocamos numa área especialmente sensível).

Estaríamos naquela situação descrita por Freud (1937/2018b): "cara, eu ganho, coroa, você perde"? Nesse momento, a analista associa com algo que Oscar lhe disse há muito tempo: "só mesmo *magia negra* para explicar o inexplicável". Que associação preciosa! Se Oscar não percebeu nada foi porque, numa relação assimétrica, a massagista enfeitiçou a criança-nele.

M – E COMO PODEMOS ENTENDER ESSE "ENFEITIÇOU"?

No nível neurótico, a criança-nele não reconhece a sua parte/seu desejo/a sexualidade infantil: foi enfeitiçada/seduzida pelo adulto. Temos dois representantes da figura paterna no Édipo invertido: o primo e o homem da Turquia.

No nível não neurótico, o termo "magia negra" surge em referência à massagista. Nesse contexto, Oscar foi enfeitiçado e fica capturado por uma figura feminina (materna?) que abusa do seu poder. Ou seja, o termo "enfeitiçou" faz sentido nas duas chaves de leitura.

Finalmente reconhecemos que não é necessário escolher entre "ele desejou/se ofereceu" ou "foi atropelado/abusado". São as duas coisas ao mesmo tempo! (*Spoiler*: essa questão mereceu outra leitura no pós-escrito).

- *Ele se oferece, está curioso, fica tentado, excitado; quer brincar com o primo mais velho; quer conhecer a cidade na Turquia, aonde foi a trabalho. Movido pela sexualidade infantil, ele vai – mesmo sabendo que não é para ir. Ele é ativo na busca de uma posição passiva.*

- *No entanto, em vez de encontrar um adulto que integrou a interdição do incesto, encontra um que atua/que o atropela com sua própria sexualidade e o captura com magia negra. Aqui ele foi claramente* apassivado.

~

Nesse ponto, resolvo contar ao grupo uma imagem que se formou em minha mente desde o segundo encontro, e que não tinha compartilhado por achar muito absurda.

> *Toda vez que a analista contava como Oscar ficava indignado ao falar da massagista, eu imaginava uma cena: um homem sai com uma travesti achando que é mulher. Só descobre que é um homem quando já estão na cama. Vejo Oscar levando o maior susto, totalmente pego de surpresa. Como não percebeu que era um homem? Vejo Oscar morrendo de vergonha, sentindo-se um otário. Caiu no golpe. Ou pior: Oscar morre de vergonha porque, inconscientemente, sabe que se sentiu atraído por um homem. Usou a aparência feminina da travesti como álibi, como justificativa aceitável para sair com um homem.*

E aqui vem a parte mais surpreendente deste ateliê. Assim que ouviu isso, uma das participantes do ateliê trouxe uma associação que esclareceu por que a massagista fazia parte da série do estupro anal, literal e metafórico. É um trecho de um livro do Philip Roth (2009), *Indignação*. Com suas palavras, ela resume a história para nós:

> *Nos anos 50, nos EUA, um rapaz virgem sai com uma moça, colega da faculdade. Na época, elas não podiam permitir certas aproximações sexuais. Eles saem para passear de carro, ele estaciona, tenta beijá-la. Ela permite. Ele tenta passar a mão nos peitos. Ela permite. Ele fica desconcertado. Mas o realmente intolerável acontece quando ela toma a iniciativa de abrir o zíper da calça dele e fazer um boquete. Ele é pego de surpresa, goza, mas depois foge, traumatizado. Que tipo de mulher era aquela? Na época, era inconcebível uma mulher com a liberdade sexual de um homem. Ele nunca conseguiu elaborar esse trauma.*

A intervenção da colega complementa lindamente a *rêverie* (Bion *apud* Sandler, 2021) sobre a travesti. O rapaz virgem se sentiu "estuprado" pela colega de faculdade que, apesar de ser mulher, funcionou como um homem: no jogo da sedução, ela foi sexualmente ativa, enquanto ele foi passivo. Com isso entendemos por que a massagista fazia parte da série psíquica primo/homens da Turquia. Oscar levou um susto quando percebeu que era ela que estava na posição ativa o tempo todo. Ele quase caiu no golpe, isto é, quase foi "estuprado" por ela.

E aqui voltamos à questão que atravessou os quatro encontros deste ateliê: estamos diante de material de cunho não neurótico ou neurótico? Agora que escrevo, recupero as ideias de Green (1999) retomadas por Urribarri (2023). É dele a diferenciação entre passividade e passivação. A primeira, como vimos, envolve a busca ativa da gratificação sexual obtida numa posição passiva. Quanto à segunda, pode ser "normal", no sentido de que o bebê tem que ser "atravessado" pelo objeto que o desperta para a vida. Contudo, pode ser traumática, quando a criança é atropelada pela patologia do objeto.

Oscar estaria revivendo uma situação traumática de submissão, de *passivação*, no vínculo com um adulto que atropela a criança, isto é, que abusa do seu poder por meio de *atuações* sexuais perversas? A criança é tomada, de forma perversa, como objeto sexual do adulto? Se for isso, o material poderia ser entendido como retorno de elementos clivados, elementos em estado bruto ligados a uma violência sexual ainda sem representação simbólica. Esses elementos são construídos em análise graças à *reverie* do analista – ou, nesse caso, do grupo.

Ou, ao contrário, ele morre de vergonha porque descobre que sentiu prazer em ser seduzido (posição desejante feminina passiva do Édipo invertido), em vez de ter a obrigação de sempre ser o sedutor (ativo)? Nas várias situações em que levou o golpe narcísico-sexual, ele "sabia que não tinha que ir, mas foi". Nesse caso, a palavra "estupro" não cabe, pois haveria uma busca ativa, embora inconsciente, pelo "enrabamento". Ele se oferece como objeto sexual para o adulto. Se for isso, estaríamos diante do retorno do recalcado, a saber, o desejo (ativo) de ocupar uma posição passiva. O recalque incide sobre elementos que já têm representação simbólica, retirando-os da consciência.

Quarto encontro

Como este ateliê foi um dos primeiros que registrei, retive poucos elementos sobre o quarto encontro. Mas, como anunciei no início, acrescento um pós-escrito que, assim espero, possa compensar o/a leitor/a por essa lacuna.

Lembro-me de que repassamos nosso próprio processo que girava em torno da questão: a criança-em-Oscar foi apassivada, submetida, tomada como objeto sexual por um adulto perverso? Ou a criança-em-Oscar precisou recalcar o desejo de ocupar, enquanto sujeito, uma posição passiva no Édipo invertido? Clivagem de uma experiência de passivação/atropelamento traumático? Ou passividade recalcada enquanto posição desejante?

A constatação de que pudemos seguir as trilhas associativas de Oscar por um bom tempo indica a prevalência de terreno neurótico. Neste, a simbolização primária – processo que transforma traços da experiência em estado bruto em representação simbólica – foi suficiente. Podemos contar com ela para que o processo de associação livre possa fluir em direção ao levantamento do recalque. Contudo, a persistência da vergonha em estado bruto, ligada a uma certa leitura alucinatória que faz da situação com a massagista, sugere uma falha na rede de representações simbólicas. Um funcionamento predominantemente neurótico pode estar atravessado por uma espécie de "falha geológica".

Nesse caso, e em ressonância com os elementos beta que povoam o inconsciente do paciente, a mente do analista produz uma imagem, uma representação simbólica que dá sentido ao traumático que continua assombrando o paciente. O conceito de *rêverie* (Bion *apud* Sandler, 2021) se mostra produtivo como parte do processo de simbolização primária (transformação de traços mnésicos em representação-coisa). Foi o que aconteceu no final do terceiro encontro, quando surgiram, no ateliê, duas imagens que deram sentido ao *susto-pavor* que até então ainda não tinha representação simbólica: a do homem que descobre, na cama, que a mulher com quem saiu é, na verdade, uma travesti; e a do rapazinho que pensa que vai seduzir sua colega, mas se vê "estuprado" por ela.

Ao longo dos quatro encontros pudemos pensar que, neste caso, passividade e passivação se superpõem e se confundem. Como vimos, passividade é a posição desejante de um sujeito ativo capaz de fazer escolhas, ainda que conflituosas, ligadas ao princípio do prazer. Passivação indica seu assujeitamento e se situa além do princípio do prazer: o Eu foi atropelado por algo que provém do inconsciente do objeto e ao qual é impossível dar qualquer sentido – o pai e o avô morreram atropelados. A constatação de que prazer e dor se sobrepõem se esclarece com o pós-escrito.

~

Pós-escrito

Escrevi recentemente um texto intitulado "Da masculinidade hegemônica às sexualidades dissidentes" (inédito) para o qual contei com a generosa interlocução de Vinicius Moreira Lima, um colega lacaniano. À luz dos conceitos aos quais fui apresentada na ocasião, e revisando agora este ateliê para publicação nesta *Série*, me parece evidente que o conceito do qual eu precisava era o de *gozo parasita*.

É inevitável que cada instituição privilegie certos autores em detrimento de outros, o que não nos impede de reconhecer que a clínica pode exigir conceitos mais conhecidos na "outra tribo" (e vice-versa). O fato é que este resolve minha perplexidade – que o/a leitor/a deste ateliê pôde acompanhar – em relação ao que me parecia ser uma superposição entre passividade (neurótica) e passivação (não neurótica).

Retomando o famoso caso do "Homem dos Ratos", Vinícius Lima sublinhava para mim (em comunicação pessoal) uma passagem do texto de Freud que eu conhecia, mas da qual meus autores de referência não extraíam todas as implicações clínicas. O paciente, que sofre com rituais obsessivos e pensamentos intrusivos (parasitas), relata com horror uma tortura em que um rato faminto penetra no ânus do prisioneiro e vai devorando o reto em busca de uma saída. O fundador da psicanálise observa, na expressão do seu rosto, um "*gozo dele mesmo ignorado*".

Essa ideia me permite reconhecer a forma de gozo (inconsciente) de Oscar. Até onde entendi, o gozo parasita se manifesta no sujeito como uma satisfação que não se confunde, ou não se reduz, ao prazer, pois inclui o sofrimento e a repetição – ou seja, ao modo como o inconsciente se expressa por meio dos sintomas. Ele "possui" o sujeito, retirando-lhe a liberdade e tornando-o dependente desse circuito repetitivo de *sofrimento e prazer misturados*, que caracteriza muitos impasses subjetivos. Parasitado pelo mantra "fui feito de otário, fui feito de otário, fui feito de otário", Oscar chafurdava na vergonha.

Desencadeada pela situação com a massagista, todas as associações de Oscar convergem para, e por isso mesmo revelam, o prazer/horror ligado à fantasia gozosa de "ser vergonhosamente feito de otário". O elemento mais importante não é a massagista, nem o golpe, nem o estupro. O elemento mais importante é a vergonha, que ele cultiva cuidadosamente.

A compulsão à repetição salta aos olhos: ele busca, ativa e repetidamente, situações desse tipo. De forma análoga à fantasia do "Homem dos Ratos", essa forma de gozo (essencialmente masculina?) evoca o estupro anal, porém inclui uma tonalidade de masoquismo moral. Se há trauma – se ele se vê "apassivado" –, não é tanto pelo suposto objeto abusador, mas pelo próprio ímpeto da pulsão, que o move inapelavelmente na repetição desse gozo estéril e mortífero.

Além de ser parte essencial do gozo, a vergonha nos dá notícias do encontro inopinado, inesperado e disruptivo com a forma de gozo "dele mesmo ignorado". Penso, contudo, que não se pode compreender plenamente a dimensão desse afeto sem levar em conta também a cultura machista na qual ele se subjetivou. De certa forma, ter sido vergonhosamente feito de otário por uma mulher *que ele chegou a desejar sexualmente*, possivelmente por suas características "masculinas", fez com que ele se sentisse "menos homem".

A esposa (representante da cultura) é testemunha de sua "emasculação", o que torna a situação intolerável para seu narcisismo. Só mesmo morrendo de vergonha.

O que aprendi com este ateliê?

Foi a posteriori que mais aprendi com esse ateliê. Aprendi que a repetição de situações cujo tema/mantra "fui feito de otário" é "apenas" a melhor forma de produzir/cultivar/chafurdar continuamente na vergonha. Esse afeto não é "consequência" de um desejo recalcado, nem do traumático, mas é a própria forma de gozo de Oscar – uma criação singular que o leva repetidamente para esse lugar. Se tivesse que nomear essa forma de gozo seria algo como "ser vergonhosamente feito de otário".

A repetição de situações desse tipo em sua vida, bem como a do mantra doloroso que o parasita ("fui feito de otário"), não pode ser compreendido apenas à luz da sexualidade infantil e da posição passiva do menino no Édipo invertido; nem apenas ao traumático da passivação em busca de simbolização; nem mesmo à confusão entre passividade e passivação. Faz mais sentido pensar na criação de uma *solução sintomática* – uma forma de gozo – que expressa simultaneamente prazer (algo na linha das fantasias de estupro anal) e dor (o sofrimento moral que o acompanha). E que começa a parasitá-lo a partir do episódio com a massagista.

Aprendi também como é complexa a experiência subjetiva e o sofrimento desses homens a quem chamamos, por vezes de forma pejorativa, de "macho-alfa". Do ponto de vista da condução da análise, estamos diante do desafio de navegar entre dois rochedos. De um lado, é necessário abordar o acontecimento que o trouxe à análise para não o retraumatizar com um desmentido ("afinal, não te aconteceu nada!") (Ferenczi, 1931/1992a). De outro, é preciso cuidado para não o retraumatizar rebaixando-o em sua masculinidade – cutucando a ferida narcísica, como faz a esposa ("como você deixou ela fazer isso com você?"). Podemos imaginar que Oscar tema o desprezo da analista, testemunha de sua forma de gozo. E esse pode ser um caminho fértil para desconstruir sua identificação aos estereótipos culturais ligados à virilidade.

Por fim, o sofrimento psíquico de Oscar me remeteu ao "rochedo da castração", termo usado por Freud em *Análise terminável e interminável* (1937/2018a) para descrever uma espécie de beco sem saída de certas análises. Simplificando, é a recusa, por parte de homens e mulheres, da posição feminina, vista como castrada na cultura falocêntrica heteronormativa da época. Com o progressivo declínio do patriarcado (do qual, enquanto pessoa física, Freud era um legítimo representante) e com reconhecimento de formas de gozo que não se pautam pela norma fálica (que eram rebaixadas e/ou patologizadas), fico curiosa em saber o que Freud diria sobre esse tal rochedo se ainda estivesse entre nós.

Ateliê 2
"Era só para zoar!"

Escolhi este ateliê porque ele nos proporcionou a experiência intelectual e emocional de percebermos como nossas teorias implícitas determinam a escuta e, portanto, nossas intervenções.

A colega que apresenta o caso é uma excelente profissional e tem um trabalho importante na área dos transtornos alimentares. As teorias que lhe permitem trabalhar com essa psicopatologia se situam dentro do recorte que estuda o arcaico, as disfunções no vínculo primário e suas consequências sobre o processo de subjetivação. E foi com esses instrumentos – com essas teorias implícitas – que ela procurou escutar e interpretar o material clínico de Marcos.

Imagino que a analista tenha escolhido esse caso para o ateliê porque estava preocupada com o andamento do processo: o paciente estava dando sinais de que achava que não estava adiantando. Este ateliê mostra com clareza como, de fato, a análise pode rodar em falso quando usamos ferramentas teóricas equivocadas.

Acontece que desde o início o material tanto poderia ser escutado tendo como pano de fundo as teorias sobre a neurose (o infantil) quanto as teorias sobre o sofrimento não neurótico (o arcaico). Dizendo de forma um tanto grosseira: a criança-em-Marcos teria dois, três anos ou cinco, seis? Inclusive, as duas problemáticas poderiam estar justapostas. E assim ficamos até que um lindo fragmento sobre o perfume não deixou mais dúvidas e abriu novos caminhos de compreensão.

Por coincidência, os dois primeiros ateliês deste quarto volume tratam do sofrimento masculino. Em "Morrer de vergonha", vimos Oscar, que procura análise quando se sente destituído de sua masculinidade – na sua leitura, ele foi "feito de otário" por uma massagista. Neste, Marcos sente que não é homem o suficiente porque não banca nada. Procura análise porque se vê como impotente, tanto no sexo quanto na vida. Um morre de vergonha, o outro se deprime.

Primeiro encontro

A colega começa a descrever Marcos, quarenta e poucos anos, divorciado, em análise há dois anos. Descreve-o como uma "pessoa opaca, sem brilho; o começo da sessão é sempre meio sem graça. Melhora um pouco do meio para o fim. Ele sempre rouba cinco minutos no fim da sessão. No começo eu me irritava, agora não me irrito mais".

M – VAMOS PRECISAR ENTENDER O QUE SIGNIFICAM ESSES CINCO MINUTOS. MAS TEMOS TEMPO...

Marcos chegou dizendo que tem medo de "falhar sexualmente". Isso aconteceu uma vez na adolescência. Tinha medo de não conseguir se relacionar com nenhuma mulher. Divorciou-se depois de um casamento de quinze anos. Durante esse tempo, teve muitas mulheres.

Segundo ele, era uma tentativa de se expor à cena temida para superar o medo. Uma espécie de terapia comportamental.

Não tem problemas quando a mulher não lhe desperta muito interesse, mas toma "um comprimidinho" quando a mulher é "mais interessante, ou tem mais dinheiro do que ele".

M – OOPPS! "MULHER MAIS INTERESSANTE E COM MAIS DINHEIRO" É UMA REPRESENTAÇÃO IMPORTANTE, MAS DE QUÊ? COMO ENTENDER ESSE MATERIAL?

Essa representação me remete a um texto que escrevi sobre a inibição sexual de homens diante de mulheres vividas manifestada como "muita areia para meu caminhãozinho" (Minerbo, 2019c). A descrição indica uma relação vivida como assimétrica, isto é, com uma mulher que está bem talhada para servir de suporte transferencial da figura materna. A mulher é "grande" e ele é "pequeno". Daí o medo de falhar e o comprimidinho.

A colega continua. Marcos reclama muito dos pais. Se irrita quando lhe perguntam se precisa de dinheiro. No entanto, usa o carro velho deles. Tem duas motos potentes. Pensa em vendê-las para comprar um carro novo, mas não consegue fazer nada a que se propõe. Na separação, comprou um apartamento, porém, dois anos depois, muitas coisas ainda estão encaixotadas.

M – SEMPRE QUE ALGUÉM SE IRRITA, OU FICA COM RAIVA, É PORQUE INTERPRETOU A SITUAÇÃO DE ALGUMA MANEIRA QUE NOS CABE TENTAR RECONHECER. É UMA FORMA DE ACESSARMOS AQUELA SUBJETIVIDADE. EM QUE "PLANETA" – EM QUE UNIVERSO SUBJETIVO ELE SE MOVE? COMO ELE LÊ O MUNDO E A SI MESMO? SABEMOS POR QUE MARCOS SE IRRITA?

A colega acha que ele se sente infantilizado pelos pais. Faz sentido, pois ele faz questão de dizer que tem uma moto BMW potente e poderosa. A impotência, no entanto, aparece o tempo todo: "não consigo fazer nada do que me proponho".

A analista retoma a história. O casamento foi acabando junto com o desejo. Enquanto ela fala, vou formando a imagem de um homem deserotizado, sem graça. Ela acrescenta que Marcos faz um esforço para ser "engraçadinho", mas é "opaco e sem vida" – e usa o termo *desvitalizado*.

Sugiro uma pausa para diferenciarmos, do ponto de vista metapsicológico, "deserotizado" e "desvitalizado". Indicam funcionamentos psíquicos radicalmente diferentes, que exigem estratégias clínicas distintas.

"*Deserotizado*" sugere um recalque excessivo da pulsão sexual e, portanto, um funcionamento psíquico predominantemente *neurótico*. A pessoa não consegue ter prazer com a vida, que fica sem graça mesmo. "Uma mulher atrás da outra", conseguidas via aplicativo, não parece ser algo prazeroso, e sim um sintoma, um comportamento defensivo, contrafóbico, ligado ao medo de brochar. A inibição sexual (principalmente com mulheres interessantes), a irritação quando se sente infantilizado, as duas motos potentes, tudo isso indicaria terreno neurótico.

Já o termo "*desvitalizado*" remete a outro tipo de funcionamento psíquico. Não é o prazer, e sim a luta pela sobrevivência do Eu que está em jogo. Teríamos angústias primitivas ligadas à própria possibilidade de ser e de existir. As questões com que esse Eu se debate estão "aquém do princípio do prazer". O sofrimento narcísico-identitário indicaria um funcionamento predominantemente não neurótico (Minerbo, 2019b).

A primeira seria uma depressão neurótica pela impossibilidade de *realizar o desejo*. A segunda, uma depressão narcísica com um *Eu capenga* em vias de desmoronar, ou uma depressão melancólica com *ataques do supereu cruel ao Eu*, que fica na lona e desvitalizado.

Nossa colega opta, com bastante segurança, pelo termo *desvitalizado*. Acha que ele tenta ser engraçadinho para não afundar na tristeza. Diz coisas como "a vida não tem sentido pra mim, não consigo fazer nada, não consigo amar ninguém; me sinto um nada, me vejo como um manequim branco que não tem rosto".

~

Seguimos então trabalhando na linha da *desvitalização*. A contratransferência é soberana.

Nossa colega continua: Marcos não consegue se colocar no trabalho. Não consegue bancar as coisas que quer. Quando escuto isso, fico com a pulga atrás da orelha porque um melancólico desvitalizado não diria isso. Um melancólico *não quer nada*. Aqui, ele quer, *mas não consegue*. Parece mais impotência do que desvitalização.

> M – TEM HISTORINHA? QUEREMOS VER DE PERTO POR QUE ELE NÃO CONSEGUE SE COLOCAR. TEM MEDO DE FALAR BESTEIRA? NÃO SE SENTE MACHO SUFICIENTE PARA SE COLOCAR? VÊ OS OUTROS COMO ENTIDADES[1] (MINERBO, 2023) QUE VAO ESMAGÁ-LO SE ABRIR A BOCA? FICA ATERRORIZADO COM A POSSIBILIDADE DE SER SUMARIAMENTE DESPEDIDO E FICAR NA SARJETA?

A experiência subjetiva do paciente, tal como aparece nas historinhas, expressa o sofrimento da criança-no-adulto. Elas revelam

1 Tal como expliquei no *Notas sobre a aptidão à felicidade* (2023), chamo de Entidade a um objeto interno-externo vivido como onipotente, acima do bem e do mal, que pode salvar ou destruir, e que por isso aterroriza o sujeito. Por esse motivo, a Entidade não pode ser confrontada. Esse objeto pode ser reconhecido nos mais variados suportes transferenciais: a própria mãe do sujeito, um filho, um chefe, uma instituição etc. Por suas características absolutas e arcaicas, indica terreno não neurótico.

o que está em demanda de simbolização e de integração. Nesse sentido, são material transferencial e, como sabemos, a transferência é a face visível do inconsciente. Invento, então, uma historinha para esclarecer essa ideia: "ontem eu estava numa reunião e meu chefe estava lá. Eu queria dar minha opinião, mas fiquei com medo de falar besteira. Não consegui dizer nada e saí puto comigo mesmo".

A colega diz ter uma historinha de Marcos exatamente assim!

> *Meu atual chefe era meu amigo. Trabalhamos juntos na empresa X. Quando ele se tornou gerente da empresa Y, me chamou para trabalhar lá. Disse que acredita no meu potencial e quer me indicar para ser gerente de outra área. Mas para isso eu teria que mudar de postura, conquistar as pessoas, ter liderança, comparecer – enfim, mostrar que sou o cara certo para o cargo. Fiz várias semanas de* coaching, *mas eu continuo quieto nas reuniões. Saio delas puto da vida comigo!*

Para acessarmos melhor a experiência subjetiva da historinha do fracasso do *coaching*, vamos deslocá-la para o plano da sexualidade. É como se o chefe-amigo tivesse dito: "olha, vou te levar pra comer umas mulheres lindas, mas você tem que mostrar a que veio". Marcos entra em pânico porque se sente um menininho sexualmente imaturo. Como *coaching* não resolve neuroses, ele vai parar num consultório de psicanalista.

M – Marcos quer esse cargo? Ser gerente implica ocupar um lugar de autoridade, mandar, confrontar, exigir. Não me parece que ele se veja fazendo isso.

A colega diz que no começo ele queria, mas agora não quer mais. Diz que não serve para ser gerente e não acredita nas metas da empresa porque os donos não investem nos funcionários. Está repensando se quer ficar lá.

Lindo exemplo de racionalização! "Não é que eu esteja apavorado, é que não concordo com a política da empresa". Marcos optaria por pedir demissão para não se sentir um bobo e para fugir da humilhação de não dar conta do recado. Ou seja, largaria o trabalho para fugir da humilhação de não se sentir suficientemente potente. Tudo indica que o sofrimento esteja ligado à identidade sexual masculina.

Ele não tem a agressividade necessária para ser gerente. Não consegue bancar nada perante um cliente ou um colega de trabalho. A falta de agressividade tanto pode ser sintoma de um recalque excessivo das pulsões agressivas (terreno neurótico), quanto de uma submissão excessiva a um objeto vivido como Entidade esmagadora (terreno não neurótico).

Para nos localizarmos, uma perguntinha é suficiente para saber se estamos diante de angústias edipianas (terreno neurótico) ou narcísicas (terreno não neurótico).

M – O QUE ACONTECERIA SE ELE SE COLOCASSE?

Se ele disser "vão me achar um bobo", é uma coisa. Se disser "vão cair matando e me demitir", é outra coisa. Vejam só: "me achar um bobo" significa: "vão ver que não passo de uma criança querendo parecer gente grande .Vou passar vergonha". E "cair matando/me demitir" significa "vou morrer abandonado na sarjeta". É aterrorizante.

É importante notar que, nos dois casos, o material só se torna significativo graças à teoria implícita na minha escuta. "Vão me achar um bobo" me remete ao Édipo e às fantasias de parricídio, transferidas para o embate nas reuniões no trabalho. Já "vão cair matando/me demitir" me remete a Klein (1946/1991), que estudou o funcionamento psicótico com as várias modalidades de angústias de morte.

Pois bem. O chefe é amigo dele, gosta dele. Não há evidências de angústias de morte. Além disso, já temos elementos que apontam para inibições ligadas ao recalque da sexualidade (tomar um comprimidinho quando vai transar com uma mulher interessante que ganha mais do que ele). Para ele, isso configura uma situação assimétrica (ele pequeno e ela, grande). A mulher representa uma figura materna, e por isso transar com ela é tão desejado quanto angustiante. O superego neurótico diz: "essa daí é proibida para você". E dá-lhe Viagra para conseguir transgredir a proibição!

~

Escutar analiticamente implica estarmos próximos do que diz o paciente, mas tendo como pano de fundo nosso repertório teórico. Por motivos históricos e transferenciais, algumas instituições privilegiam o estudo do arcaico (o desenvolvimento psíquico e a psicopatologia de zero a três anos). Outras, o estudo do infantil (de quatro a seis anos). É normal, não dá para estudar tudo, mas é importante sabermos que, dependendo do caso, teremos mais dificuldade em reconhecer as configurações psicopatológicas que foram menos estudadas. Posto isso, vamos retomar a encruzilhada em que tínhamos, de um lado, um Marcos deserotizado e, de outro, um desvitalizado.

Como vimos, a colega sustenta que o vê *desvitalizado*. "A vida não tem sentido", "não consigo amar ninguém", "ele se desvaloriza", é o "manequim branco da loja sem rosto". Todos esses fragmentos de fato poderiam nos fazer pensar na desvitalização ligada a uma depressão narcísica/melancólica. Além disso, ela consentia com os cinco minutos roubados ao fim de cada sessão por entender que ele foi pouco investido. Digamos que ela o via como um bebê desnutrido e faminto. Se encerrasse a sessão no horário seria uma violência, configurando um retraumatismo. A teoria implícita diz respeito ao arcaico.

Mas uma pessoa *deserotizada* também pode não ter um bom motivo para acordar de manhã. Sua experiência subjetiva seria algo como "não adianta, não consigo bancar o que desejo, não consigo realizar meu potencial; a vida não tem graça, para quê sair da cama?". É o que chamamos de depressão neurótica, secundária ao fato de sentir que não banca nada – ele brocha na vida, e não apenas na cama.

Mas vejam que diferença fundamental: o melancólico não deseja nada; já o neurótico deseja, mas não consegue lutar por esse desejo. Para o melancólico, a vida não tem sentido; para o neurótico, a vida não tem graça.

Alguém no grupo pergunta sobre a função do aplicativo e de transar cada hora com uma mulher diferente. Afinal, sexo não tem a ver com prazer? Depende de qual é a função desse comportamento na sua economia psíquica.

1. *Na linha da melancolia, o sexo compulsivo poderia ser uma defesa pela via da excitação sensorial, estímulo cuja função seria manter de pé um Eu capenga.*
2. *Na linha mais neurótica, poderia ser também uma maneira de estar sempre excitado com a novidade, garantindo que não vai brochar. Seria um comportamento contrafóbico.*

E parece ser esse o caso, pois ele explica que busca se expor continuamente ao estímulo ansiogênico para se curar do medo de brochar.

~

Outra colega pergunta sobre os cinco minutos no fim da sessão. Muito bem lembrado! Eles são fundamentais para diferenciarmos terreno neurótico de não neurótico. E para isso, mais uma vez, precisamos entender *qual é a função* dessa repetição em sua economia psíquica.

Num registro mais neurótico, poderíamos ler o "roubo" desses cinco minutos como uma pequena *transgressão do enquadre*. E para que serve o enquadre? Em primeiro lugar, ele garante a *situação assimétrica*, em que um está lá para escutar e interpretar, o outro está lá para associar e transferir. É a reprodução da situação em que a diferença entre gerações está posta: os pais são de uma geração, os filhos de outra. O analista está lá para sustentar essa diferença, bem como a interdição do incesto (e seus equivalentes).

E esta é a segunda função do enquadre: ele representa a lei que exige, tanto do analista quanto do paciente, a abstinência sexual. Por mais tentador que seja, nem o analista vai "tirar uma casquinha" do paciente, nem o paciente vai "tirar uma casquinha" do analista. A lei interdita a gratificação "direta" pela boa razão de que seria o equivalente ao incesto. A única gratificação permitida é a que tem a ver com o trabalho em si. Percebe-se que esses cinco minutos poderiam ter o sentido de "tirar uma casquinha", linda expressão que alude a uma *gratificação indevida*.

No entanto, e como já vimos, a analista diz que não entende o "roubo" desses cinco minutos como transgressão, mas como sendo da ordem da *necessidade*. Podemos ver que o conceito implícito é o de "necessidades do Eu", de Winnicott (1960/2007a; 1962/2007b; 1963/2007c). Segundo esse autor, um recém-nascido que chora não está querendo tirar uma casquinha da mãe; está submerso em angústias de fragmentação. Precisa do seio para recuperar sua integração somatopsíquica. O colo não é uma gratificação indevida, é uma necessidade. Nesse contexto, negar o seio é deixar o Eu em agonia. É traumático.

Afinal, Marcos é como a criança que está doente e pede para continuar na cama da mãe porque está se sentindo muito mal? Ou é como a criança que adora o quentinho do corpo dela e pede só mais uma história? É uma criança faminta ou é uma criança que quer mais um sorvete?

Alguém no grupo lembra que, no caso de ser uma criança faminta, em vez de esticar cinco minutos, poderíamos propor mais sessões. Perfeito! Acrescento que, além desse manejo, temos que usar nosso instrumento de trabalho mais importante, que é a interpretação! É a melhor maneira de ajudar o paciente a se apropriar do sentido de sua demanda. Não estamos lá para ser uma mãe melhor do que aquela que ele teve: estamos lá para ajudá-lo a construir sentido onde não há. Daí a importância das interpretações. Às vezes, sinto que ela foi substituída pela noção de "manejo", como se este nos dispensasse da tarefa de interpretar o material clínico. Manejar uma situação na transferência é também interpretar. Dou dois exemplos.

Se entendemos que esses cinco minutos correspondem ao desejo de mais um sorvete, seria importante ir conseguindo dizer "a sessão tem quarenta e cinco minutos, você gostaria de ser especial, de ter mais, de me ter mais, só que não pode". E se entendemos que se trata de uma necessidade do Eu, poderíamos dizer: "nós dois sabemos que a sessão tem quarenta e cinco minutos, mas vejo que neste momento é importante para você ficar um pouco mais, então hoje podemos fazer isso".

Diante disso, nossa colega pergunta se não poderiam ser as duas coisas ao mesmo tempo. Poderiam, claro. Nesse caso, estamos falando de um núcleo neurótico superposto a um núcleo não neurótico. É a grande vantagem de pensarmos em termos de níveis de funcionamento mental, ou núcleos, em vez de estruturas. Os primeiros podem coexistir lado a lado; já as estruturas se excluem mutuamente.

~

Voltando à encruzilhada. Como se "prepara" o terreno neurótico? E o não neurótico?

Idealmente, uma mãe também sofre com a interdição edipiana. Não é fácil dizer ao seu garotinho querido: "não, meu amor, você já é grande para dormir com a mamãe, agora você vai para a sua cama". Se, em função de suas próprias questões inconscientes, ela não conseguir fazer o luto do seu neném, a criança será obrigada a fazer um recalque excessivo de sua sexualidade para atravessar o Édipo. O terreno neurótico está sendo preparado.

A mãe não deveria fazer um uso narcísico da dependência da criança para que, no momento adequado, ela possa se aventurar em movimentos de autonomia. No entanto, se a mãe apresenta uma fragilidade narcísica importante, pode precisar de uma criança dependente para garantir sua autoestima. Os movimentos de autonomia ficarão travados, seja por culpa de abandonar a mãe, seja por medo das retaliações. É o terreno não neurótico que está sendo preparado.

M – O QUE ACONTECERIA SE VOCÊ ENCERRASSE A SESSÃO NA HORA? A RESPOSTA PODE NOS DAR UMA IDEIA DA CONTRATRANSFERÊNCIA, O QUE NOS AJUDA A RECONHECER EM QUE TERRENO ESTAMOS PISANDO.

Ele ficaria com *raiva* de ter que ir embora? Ou com *ódio* de ser enxotado?

Você ficaria com *pena* de privar o paciente desses cinco minutos? Ou com *medo* de colocar esse limite?

Lembro que a raiva é a resposta à frustração, indicando terreno neurótico; já o ódio tem a ver com uma ameaça narcísica, e indica terreno não neurótico. Ela não acha que Marcos ficaria com ódio. Nem com raiva. Ficaria surpreso, reclamaria um pouco, mas de um jeito *engraçadinho*.

Alguém resgata outro elemento que pode ser um revelador da contratransferência. A colega nos disse que Marcos "rouba cinco minutos". Ora, roubar é um ato ilícito, uma transgressão; se fosse uma necessidade, os cinco minutos não estariam sendo roubados, e sim *concedidos*. Ela teria dito "eu concedo a ele cinco minutos". A colega esclarece que esse "roubo" é feito de um jeito *engraçadinho*. Ela entende que é um disfarce para "pelo amor de Deus, preciso de mais cinco minutos". Ele não pode confessar a necessidade.

M – ENGRAÇADINHO! O QUE PODEMOS PENSAR SOBRE ESSE TERMO? RETOMO O CONTEXTO EM QUE ELE JÁ APARECEU:

"Faz um esforço para ser engraçadinho, mas é opaco e sem vida". "Tenta ser engraçadinho para não afundar na tristeza."

O termo se refere a um universo infantil. Um menino engraçadinho. Na leitura da colega, é uma defesa para não afundar na tristeza, mas poderia ser um jeito de dizer as coisas sem se comprometer. "Não estou reclamando de você, eu só estava brincando!" É uma forma de neutralizar qualquer agressividade que pudesse estar contida na reclamação. E poderia ser visto como um jeitinho sedutor: a criança pede só mais uma história de um jeito engraçadinho e irresistível. A mãe acaba concedendo cinco minutos porque foi seduzida.

É curioso que a ideia de sedução não esteja no radar da nossa colega. Nesse ponto, ela anuncia que quer falar do pai dele. Ótimo, vamos ver se uma historinha nos ajuda a sair da encruzilhada.

> *Desde criança, lembro que meu pai só pensava em sexo. Ele mexia com as mulheres na rua. Quando tinha cenas de sexo na TV, ele olhava pra mim de um jeito diferente, tipo "olha bem, vê se aprende, porque isso vai acontecer com você". Ele tinha um assobio super machista que era um jeito de dizer que ia acontecer uma relação sexual na TV.*

Essa historinha é, de fato, preciosa! Na cena, o pai-*coach* está ensinando o filho a ser macho como ele. Tem a expectativa de uma ereção para ninguém botar defeito. Isso me faz pensar que ele está em constante *diálogo interno* com essa figura paterna que está de olho para ver se o filho faz tudo direitinho. Como não brochar? Até porque, quem é ele para chegar aos pés desse pai tão macho?

A colega diz que essa interpretação da historinha faz muito sentido. E acrescenta um comentário de Marcos: "não posso culpar meus pais, minha mãe sempre foi dona de casa, a geração dele é assim machista; mas também não posso dizer que não me influenciou".

Agora vejam como essa historinha é idêntica à do amigo-gerente. Este incentiva Marcos, sugere um *coaching*, mas espera que ele mostre a que veio. Diante de tamanha expectativa, fica quieto nas reuniões; o chefe testemunha a brochada e Marcos vai se sentindo um fracasso, vai se deprimindo.

Alguém no grupo pergunta se, ao exibir a sua potência, o pai não acabaria inibindo o filho. E se não haveria uma disputa entre eles para ver quem é o mais potente. Não me parece. O material de que dispomos até aqui não mostra uma disputa. Nem vemos um pai se exibindo para o filho. O que vemos é que ambos, pai e chefe, têm expectativas. São elas que acabam inibindo Marcos.

Em geral, vemos na clínica pais castradores. Aqui, Marcos fica angustiado porque se sente obrigado a entregar seu desempenho para sustentar o (narcisismo do) pai. A ereção é para ele curtir? Ou é para o pai se orgulhar dele? O pai cairia matando se soubesse que o filho não é macho o suficiente? Ou simplesmente ficaria decepcionado? Essas nuances são importantes.

A colega lembra de mais uma historinha:

> *Detesto quando meu pai vem me perguntar se eu preciso de alguma coisa ou de dinheiro. Parece que ele não confia em mim, acha que não estou dando conta da minha vida.*

Ele se irrita porque se sente infantilizado, mas ele poderia fazer outra leitura – poderia ser uma demonstração de amor. Será que é perturbador imaginar o tamanho do amor do pai por ele?

Segundo encontro

Retomamos a ideia das duas escutas do material clínico, tal como vimos no encontro anterior. A primeira: a criança-nele está em diálogo interno com uma figura paterna que coloca a virilidade como valor máximo, ideal do ego que acaba por inibi-lo. A segunda: Marcos esmagado por uma Entidade *ameaçadora*: "ou você confirma o meu narcisismo (mostra a que veio), ou não é mais o meu filho". A colega acha que as duas escutas fazem sentido. E nós, no ateliê, estamos curiosos para ver aonde chegaremos.

A colega continua a apresentar o caso.

Marcos foi casado durante um longo período e teve várias outras mulheres durante o casamento. Segundo ele, era para "se provar". Mulheres interessantes o deixavam mais inibido.

M – O QUE SIGNIFICA "MULHER INTERESSANTE"? É UMA REPRESENTAÇÃO DO QUÊ?

Vamos imaginar que Marcos chega na festa e dá de cara com a Gisele Bündchen. Vamos imaginar que ela dê sinais de estar interessada nele. Transar com uma deusa é tão excitante quanto apavorante. Explico. Por estar numa posição *assimétrica* em relação a ele, está bem talhada para ser suporte transferencial da figura materna. Ela é vivida como "muita areia para o caminhãozinho" dele. A possibilidade de realizar a fantasia incestuosa é tão excitante quanto apavorante, o que produz as inibições sexuais típicas do neurótico.

Uma participante do ateliê pergunta se os cinco minutos a mais no fim da sessão poderiam ser interpretados pela criança-em-Marcos como: a analista-deusa-interessante *quis* ficar com ele mais tempo do que o permitido.

Excelente colocação. Sim, poderia. Inclusive seria o campo intersubjetivo no qual se constitui a neurose. As identificações inconscientes que sustentam um campo transferencial-contratransferencial qualquer são complementares. Gosto da imagem em que "a fome se encontra com a vontade de comer": o desejo da criança edipiana encontra uma mãe que "passa do ponto". Nesse caso, a analista estaria identificada inconscientemente com a mãe que passa do ponto. Tanto que, no início, ela resistiu a transgredir o enquadre ("no começo eu ficava irritada"), mas depois acabou se identificando com a figura materna seduzida pela criança engraçadinha.

~

A colega traz mais um fragmento.

Marcos começa a sessão se queixando de que está apático, sem vontade de nada. Queria limpar a casa, lavar a roupa, mas ficou prostrado no sofá.

> *Nada me interessa, minha vida não tem sentido. Será que sou bipolar? Será que tenho que tomar remédio? Me sinto incapaz de tudo, incapaz de amar, de me relacionar com alguém. Incapaz de dar tesão para uma mulher. Com minha idade não construí nada. Aquele manequim de cara branca, sem identidade, me sinto assim.*
> *Fui procurado pelo Linkedin para uma vaga de emprego [quer sair de onde está "por não concordar com a política da empresa"]. A mulher que estava me entrevistando ficava se arrumando no vídeo, arrumando o cabelo. Pensei "o que eu tenho com isso, deixa ela se arrumar!". Mas fiquei com má impressão e desisti de pedir demissão. Lá onde estou é mais organizado e pelo menos sei dos meus limites.*

A primeira parte da fala é *mais do mesmo*. Ele descreve sintomas de depressão; é como um doente dizer que está com febre. E como sabemos, febre é apenas um sintoma, não é a doença. E qual seria a doença? Continuamos na encruzilhada entre neurose e não neurose. Ele se sente impotente para a vida, e isso o deixa deprimido? Ou ele está melancólico, e isso o torna impotente para a vida? Aqui, a ordem dos fatores altera o produto. No primeiro caso, seria uma depressão neurótica. No segundo, uma depressão narcísica.

Eu aposto na primeira alternativa. Vejam: com medo de ser gerente ("amarelou" quando o chefe o convidou), encontra a desculpa honrosa (a racionalização) de discordar da política da sua empresa. Então, como um "machinho bravo", vai para uma entrevista de emprego, mas ali também acaba "amarelando". Desiste de mudar de emprego com uma desculpa honrosa (outra racionalização): a mulher que fica arrumando o cabelo lhe causou má impressão. A verdade, porém, é que *ele sabe* que está sempre "amarelando" (brochando) em vez de enfrentar. Se sente um bobo por ter tudo à sua disposição, mas não ser capaz de bancar seu desejo (de ser gerente ou de mudar de emprego). Percebe-se impotente para a vida. Vejam a frase: me sinto incapaz de tudo, de dar tesão a uma mulher.

Contudo, não podemos negar que há fortes elementos que sustentam a hipótese de depressão narcísica. Marcos está realmente desvitalizado. A colega acrescenta que ele fala muito sobre a morte e sobre a falta de sentido da vida ("para que estamos aqui, se tudo vai acabar? Existe vida depois da morte?"). Esse material sugere *angústias de morte*, o que confunde a analista.

Pensando bem, angústia de morte é medo, pavor de morrer. Aqui, ao contrário, parece que a morte seria bem-vinda. Não que ele queira morrer. Talvez a morte seja simplesmente uma saída honrosa para uma existência em que não consegue bancar nada. Quem está morto não "amarela" mais. Não se sentiria mais humilhado por ainda não ter construído nada com sua idade.

Diante disso, uma das participantes faz uma observação interessante. O conteúdo da fala é sobre a morte, mas o tom não acompanha. Não há angústia de morte, e sim uma conversa sobre a morte. Se for para continuar impotente, sem conseguir desfrutar da vida, prefiro não viver ("Sou bipolar? Existe remédio para isso? Vou ser assim para sempre?").

M – VAMOS RETOMAR A ENTREVISTA DE EMPREGO. COMO ELE INTERPRETOU O FATO DE QUE ELA FICAVA SE ARRUMANDO?

Ela queria ficar bonita para ele? A colega diz que não é por aí. Ele interpretou aquilo como "ela não está interessada em mim". Insisto mais um pouco. "Não está interessada" por quê? Seria algo na linha de uma mulher muito narcísica que não enxerga o outro? Ou seria sinal de pouco caso, de desprezo por ele especificamente? A colega acha que é mais por aí: ela o achou insignificante. Esse "zé ninguém" não tem atitude, não vai reclamar se ela usar a tela como espelho para se arrumar.

E de fato, em vez de se irritar, o que ele pensou foi "o que eu tenho com isso, deixa ela se arrumar". Ele está *pondo panos quentes*, evitando ficar com raiva, com medo do confronto. Vejam o recalque da agressividade! É por isso que ele não tem "atitude" e se torna insignificante, no sentido de se apresentar como alguém passivo, que não reage, e, assim, não precisa ser respeitado ou temido. Como entender esse "insignificante"?

~

M – DE QUE MANEIRA MARCOS MOBILIZA VOCÊ? COMO A PRESENÇA DELE EM SESSÃO TE AFETA?

A resposta me surpreende. "Acho que ele mobiliza um *nada*. Passa a sessão se queixando do que não consegue fazer. Não dá nem vontade de sacudir para ele se mexer. Parece que é um nada enorme, só fico escutando, é mais ou menos o que eu faço."

Mais uma vez, reconheço como pano de fundo da escuta da analista a teoria, ou um conceito, ligado ao arcaico. Especificamente, à patologia do vazio, ou pelo menos a um grande vazio interno que estaria sendo captado na contratransferência como um "grande nada". Ou a sua "insignificância" para o objeto primário.

A colega continua descrevendo o "clima" na sessão. "Curiosamente, nos cinco minutos que ele 'rouba', vai ficando angustiado". O que será que o deixa angustiado? A primeira ideia que nos vem à mente – ainda com as teorias sobre o arcaico como pano de fundo – é que se trata de uma angústia de separação, mas poderia ser outra coisa. Será que fica angustiado porque vai sair da sessão tal como entrou? Será que se angustia por sentir que a dupla está andando em círculos? Que a analista está tão impotente quanto ele?

Pode ser. Pois se o paciente está sendo escutado a partir dessas teorias, talvez as intervenções estejam sendo pouco produtivas. Como seria se escutássemos o material tendo como pano de fundo teorias sobre a neurose? Além disso, tenho a impressão de que poderíamos aproveitar melhor as historinhas que ele conta. Vamos retomar a entrevista com a mulher que ficou arrumando o cabelo. Vamos imaginar algumas intervenções.

"Você acha que ela não se interessou por você?"

O que Marcos faria com isso? Nossa colega diz que ele concordaria, e até acrescentaria: "não sou o melhor candidato para a vaga". Com essa resposta, ele pretende encerrar o assunto, mas não vamos deixar:

"E quem seria o melhor candidato?"

Será que acabariam chegando na ideia de que o melhor candidato – o candidato que a mulher respeitaria – seria o pai/o chefe dele? Um é fálico, poderoso, potente, e ele, Marcos, é castrado, passivo, impotente. Percebem a teoria sobre o Édipo como pano de fundo dessa interpretação?

Estou tentando mostrar que as historinhas estão prenhes de sentido e que cabe a nós, como parteiras, facilitarmos o nascimento de tais sentidos. Como? Cutucando o campo transferencial com pequenas intervenções cujo objetivo é produzir associações. "A associação livre é a via régia para o inconsciente". Quem não se lembra dessa frase de Freud (1900/2019), na *Interpretação dos Sonhos*?

M – MAS, O QUE ELA SIGNIFICA, EXATAMENTE?

Significa que, se estivermos mesmo no campo da neurose, de associação em associação chegaremos a uma fantasia inconsciente – por exemplo, a vaga é para o pai potente, aquele que solta um assobio quando há uma cena de sexo na TV, e não para ele.

Significa também que poderíamos escutar essa historinha como se fosse o relato de um sonho. "Sonhei que estava numa entrevista de trabalho e a mulher que me entrevistava ficava arrumando o cabelo. Eu ficava incomodado e queria dizer a ela que a postura dela não era profissional, mas não conseguia me colocar. De qualquer forma, ela não me levaria a sério".

Como interpretaríamos esse sonho? Ainda tendo o Édipo como pano de fundo, poderíamos dizer: "e quem ela levaria a sério?"

Agora que escrevo, imaginei outras intervenções que poderiam ser produtivas. Pois, quando estamos em terreno neurótico, as intervenções precisam cutucar, precisam ser um pouco disruptivas. É menos uma questão de acolher a angústia, e mais de *permitir que ela aflore*. No caso, ela poderia aflorar caso cutucássemos um pouco a agressividade recalcada.

- *E não te ocorreu dizer algo que mostrasse que ficou incomodado por ela ficar se arrumando durante a entrevista?*
- *E não te ocorreu dizer, com alguma ironia, que o cabelo dela já estava bonito?*

A nossa aposta é de que ele ficaria angustiado só de imaginar um mínimo *confronto* com a entrevistadora. Talvez ela represente um pai castrador. O que ele não imagina é que o confronto poderia ser um ponto *a favor* dele!

Percebem como essa historinha nos oferece mil possibilidades de escuta e de intervenção? Todas seriam guiadas pela ideia de que as historinhas contêm material inconsciente infantil – o recalcado – transferido sobre a linguagem, tal como Freud propôs ao interpretar sonhos.

O mais interessante é que, nessa altura do ateliê, ainda não temos ideia da transferência com a analista! Não resisto a dar um *spoiler*: vai aparecer um material lindo que não deixa dúvidas sobre o funcionamento neurótico de Marcos e, de quebra, ainda ilumina a transferência.

Terceiro encontro

Retomo brevemente o que vimos no segundo encontro. É sempre útil refrescar a memória, inclusive porque, com novo material clínico, podemos manter ou mudar a linha de pensamento clínico que vem sendo elaborada.

M – TEMOS MAIS ALGUMA HISTORINHA?

A colega diz que não sabe se chega a ser uma historinha. Marcos diz:

> *Será que vale a pena eu continuar vindo aqui? Sei que preciso, mas fico pensando.*
> *Eu tinha que lavar minha moto, vender meu carro e não fiz nada disso. E aqui, eu quero aprofundar, mas não consigo.*

Oopss! Uma novidade! Há duas menções ao aqui e agora da análise! "Vale a pena continuar vindo aqui? Quero aprofundar, mas não consigo".

Até agora, o "não consigo" aparecia nas várias historinhas, o que nos permitiu reconhecer a transferência de material inconsciente sobre a linguagem, mas, agora, o "não consigo" tem a ver com a análise! E isso, como veremos, nos permitirá entender a transferência de material inconsciente sobre a analista. Um bom jeito de abrir caminho para que essa transferência apareça com mais nitidez é simplesmente repetir: "não consegue aprofundar?" Queremos que ele traga novas associações.

Uma perguntinha básica nos ajuda a imaginar como ele constrói a analista transferencialmente: "com quem ele pensa que está falando?" A criança-nele pensa que está falando com alguém – uma figura materna? paterna? – que tem altas expectativas em relação ao desempenho dele. Essa figura está impaciente, esperando que Marcos mostre a que veio; e está frustrada porque o material é insuficiente, pouco interessante – "pouco profundo". Vejam só! Agora a analista está no lugar do chefe-amigo que fica esperando "que ele se coloque na reunião", mas ele não consegue.

Apoiada nas associações dele, e avançando com cuidado, talvez em algum momento seja possível interpretar: "você imagina que, quando você não aprofunda, eu fico impaciente, ou decepcionada?"

Qual é o nosso objetivo ao interpretar a transferência? Ajudá-lo a reconhecer sua posição diante da analista. E para quê? Para abordar o *nó edipiano* que produz os sintomas que atrapalham sua vida.

1. *A posição subjetiva que ele ocupa diante da analista é angustiante porque ele imagina que teria de satisfazê-la (trazendo material profundo) – ela, como o chefe, como o pai, tem altas expectativas sobre ele, o que o deixa em pânico.*

2. *É também uma posição humilhante, pois imagina que os outros pacientes – os rivais no amor da analista – conseguem aprofundar (são grandes e potentes), enquanto ele não (é pequeno e impotente.*
3. *Adivinhamos seu medo de que a analista se canse de esperar e lhe diga que está perdendo seu tempo com ele ("será que vale a pena eu continuar vindo aqui?"). É como se ela dissesse: "você nem trepa, nem sai de cima".*

Percebem que estou escutando esse "não aprofundo" no campo da sexualidade infantil? Na verdade, os pacientes não têm que aprofundar nada! Eles vão dizer o que podem, como podem. É o analista que precisa "aprofundar", no sentido de escutar qualquer material analiticamente.

Mas podemos escutar esse "não aprofundo" também de outra maneira. Ele pode estar se queixando de que a analista não aprofunda, isto é, de que ela não cutuca o nó edipiano que precisaria ser cutucado. Nesse caso, ele *protege a analista* de sua crítica (vejam a dificuldade dele com sua agressividade!) criticando a si mesmo ("a culpa não é sua, é minha, sou eu que não consigo aprofundar").

Lembramos que, quando ele se irritou com a mulher que estava arrumando o cabelo durante a entrevista, o que ele disse foi: "o que eu tenho com isso, deixa ela se arrumar!" Imaginem sua surpresa com uma interpretação do tipo: "Quem não aprofunda? Você? Ou será que sou eu?".

Pausa para falar sobre o tipo de interpretação que ajuda a mobilizar o processo primário, produzindo as associações que nos caberá levar em consideração e interpretar. Usei o termo "cutucar" o nó edipiano, mas o mais correto seria fazer "interpretações disruptivas". Proponho, então, alguns exemplos:

- *"Quem não aprofunda? Você? Ou será que sou eu, mas é difícil se queixar de mim?".*
- *"Você tem medo de não estar satisfazendo minhas expectativas?".*
- *"Você tem medo de que eu sinta que estou perdendo meu tempo com você?".*
- *"Você imagina que todos os outros conseguem, menos você?".*
- *"Você imagina que seu desempenho aqui na sessão deixa a desejar?".*

Vimos também o que seria uma interpretação disruptiva quando a colega contou a historinha sobre a mulher que ficava se arrumando durante a entrevista. Ele queria pôr panos quentes ("o que eu tenho com isso, deixa ela se arrumar"), mas poderíamos tirar os panos quentes dizendo, por exemplo: "Você ficou incomodado, mas acabou engolindo". Ou: "não te ocorreu mostrar que estava incomodado com ela arrumar o cabelo durante a entrevista?"

Interpretações disruptivas são falas que provocam, que incomodam, que tiram da zona de conforto, que surpreendem o paciente, que desestabilizam suas defesas, que introduzem algum elemento subversivo. Claro que não queremos levantar resistências ou assustar o paciente, que poderá sair correndo, mas também não adianta fazermos intervenções que "não fazem nem cócegas", quer dizer, que não chegam a tocar o que precisa ser tocado. Queremos interpretações que cutucam e fazem aparecer o que não podia aparecer de jeito nenhum, isto é, o material recalcado. Queremos trazer de volta a angústia que motivou o recalque para poder elaborá-la e dar a ela outro destino.

Contudo, se fosse um sujeito cuja organização psíquica está em terreno arcaico (a criança-nele teria de zero a três anos), em vez do infantil (a criança-nele tem de quatro a seis anos), evitaríamos interpretações disruptivas. Nosso objetivo não é tirar o paciente da zona de conforto, e sim tentar construir um sentido que o ajude a conter e a transformar a angústia primitiva que o paralisa. Em outros termos, quando se trata do arcaico, o trabalho é conter a angústia oferecendo palavras que deem sentido a ela (realizar a função alfa, o apaziguamento simbolizante, sonhar o pesadelo etc.). Vejam a importância de termos alguma ideia se estamos em terreno neurótico ou não neurótico (Minerbo, 2019b).

~

E agora vem o material lindo anunciado no fim do segundo encontro!

A colega continua apresentando o caso. Conta que naquela semana aconteceu uma coisa curiosa. Quando foi buscá-lo na sala de espera, Marcos comentou que as plantas estavam secas. A colega respondeu "mas ainda estão perfumadas". A palavra "perfume" estimula uma associação que se expressa na historinha mais linda desse ateliê.

> *Por falar nisso, fui escovar os dentes no lavabo da tua sala de espera e lembrei que tenho um perfume pequenininho aqui na minha mala. Pensei em passar para ver se você ia perceber. Era só para zoar. O meu perfume é da marca X, a mesma do sabonete que você tem no lavabo. Aí vi que o meu perfume não é porcaria, é igual ao seu. O que eu mais gosto é chegar aqui e lavar as mãos no lavabo com seu sabonete.*

M – SE TÍNHAMOS ALGUMA DÚVIDA SOBRE A IDADE DA CRIANÇA-NO-ADULTO, NÃO TEMOS MAIS! VEJAM COMO FICA A ESCUTA ANALÍTICA.

- *Trouxe um perfume pequenininho de casa para se perfumar para a analista.*
- *Lavar as mãos com o sabonete perfumado da analista simboliza o prazer erótico do contato com o seu corpo (seu sabonete, seu lavabo).*
- *Ir embora levando a analista no perfume do sabonete dela.*
- *Além disso, que maravilha, a marca dele não é uma porcaria, já que a analista também gosta dela! Se bem que o perfume que está na mala dele é "*pequenininho*".*
- *Sem falar em escovar os dentes antes da sessão. É para entrar na sala com um* hálito *agradável? Como quem vai beijar na boca?*

E tudo isso "sem querer, querendo" que ela perceba. Pondo panos quentes no desejo de seduzir a analista ("era só para zoar"). Confirmando a interpretação que estamos fazendo da historinha, a colega traz uma associação na mesma linha. Certa vez, ele cortou o cabelo e queria saber se ela tinha gostado do novo visual.

M – TENDO EM MENTE ESSE ENTENDIMENTO SOBRE O MATERIAL DO PERFUME, O QUE PODERÍAMOS DIZER A ELE?

Proponho algumas intervenções.

- *"Nós gostamos da mesma marca. O que isso quer dizer pra você?".*
- *"Ah, você gosta do meu cheiro, quer dizer, do meu sabonete?!".*
- *"Quando vai embora, você leva meu cheiro nas suas mãos".*
- *"Você diz que é só para zoar, mas eu acho que queria mesmo que eu sentisse o seu perfume".*
- *"Você quer muito, mas tem medo, que eu diga que gosto do teu perfume".*

Essas intervenções têm como pano de fundo teórico a ideia de desejo/pavor do incesto. Imaginem a analista (figura materna) dizendo para a criança-nele "hum, que cheiro gostoso, é o perfume do meu namorado!". Imaginem o pânico dele. Claro que não vamos dizer isso, mas vamos fazer uma interpretação disruptiva que alude ao pavor do incesto: "E se eu gostar do seu perfume, como você gosta do meu?".

Alguém no grupo pergunta se não poderíamos pensar num bebê que está conectado e que reconhece o cheiro do corpo da mãe. O cheiro da mãe e o cheiro dele são iguais. Nessa altura do ateliê, penso que qualquer intervenção que tivesse essa teoria como pano de fundo seria escutada como uma infantilização. Se a analista se defende da transferência erótica, o paciente é obrigado a manter ou reforçar o recalque. Porém, se ela reconhece e nomeia o que está acontecendo ali, ajuda a levantar o recalque.

~

Voltando ao fragmento "O que eu mais gosto é chegar aqui e lavar a mão no lavabo com o sabonete". Associei com outro ateliê, "Crime e castigo", no volume 1 desta série (Minerbo, 2024a). Deby, uma paciente muito encantada com sua analista, ficava de pé, bem em frente ao ar-condicionado do consultório, e dizia (gemia de prazer): "ai, que delícia seu ar-condicionado!". Percebem que é a mesma coisa? É a paciente tendo prazer com o corpo da analista, simbolizado pelo ar-condicionado do seu consultório.

E tem outro ateliê com material parecido – "Riscar um fósforo", no volume 3 (Minerbo, 2024b). Jair é um empresário que se queixa de não conseguir se impor diante dos funcionários. É parecido com a queixa de impotência de Marcos. Ele está apaixonado por seu *personal*. Não sabe se é correspondido ou não. Durante a aula, o *personal* colocou a música *Amor proibido*. O paciente não tem noção de que tudo isso está sendo escutado transferencialmente.

Pouco depois, o colega daquele ateliê nos diz *em off* que ficou com medo de interpretar o amor proibido na transferência porque seria como riscar um fósforo. A paixão explodiria e ele não saberia como lidar com isso. Diante disso, propus ao grupo uma conversa sobre como trabalhar com a transferência erótica. Naquele ateliê, não é o perfume, não é o ar-condicionado, é o título da música que indica que é preciso interpretar a transferência erótica, sob pena de perpetuar o recalque. Claro que é preciso ir aos poucos e com delicadeza, tanto para não levantar resistências, quanto para o paciente não se sentir humilhado.

M – VAMOS IMAGINAR QUE VOCÊ TIVESSE INTERPRETADO "VOCÊ GOSTA DE LEVAR PARA CASA MEU PERFUME NAS TUAS MÃOS". O QUE ELE FARIA COM ISSO?

A colega diz que ele seria pego de surpresa e daria risada. Tentaria levar para o lado da brincadeira. E talvez ficasse com um pouco de vergonha.

Dar risada é uma confirmação de que a criança-nele "foi pega no flagra", mas no bom sentido. A interpretação foi disruptiva, pois ele pensa que está falando de sabonetes, mas a analista dá outro sentido ao sabonete: levar o cheiro dela para casa. O importante é que ela reconhece o valor simbólico do gesto de Marcos, e nomeia um aspecto do desejo infantil.

Agora, enquanto escrevo, pensei em uma intervenção melhor: "Já que não pode me levar para casa, leva o meu cheiro nas tuas mãos, e isso você pode fazer". Além de ser mais delicada, indica que ele não pode ter a mãe, mas pode ter um símbolo da mãe.

Se isso for dito num tom afetuoso e acolhedor, ajudamos o paciente a levantar o recalque para que possa *integrar* aspectos da sexualidade infantil. É assim, pela via da integração das pulsões sexuais e agressivas, que ele poderá se tornar um adulto mais potente.

Um participante do ateliê pergunta se uma fala dessas não seria sedutora. Excelente pergunta! Inclusive indica, a meu ver, o *medo que todos temos de seduzir o paciente.*

Todas as primeiras pacientes de Freud diziam que haviam sido seduzidas por um representante paterno. Foi o que colocou Freud na pista da sexualidade infantil: e se for uma fantasia de desejo, e não uma realidade? Isso não nos impede de reconhecer que a situação analítica é, por si mesma, sedutora, no sentido de que *acorda a criança-no-adulto* (há quem prefira dizer que propicia a regressão) e a constelação afetiva dirigida aos objetos infantis.

Claro que isso exige do analista que tenha transitado pelo seu próprio desejo infantil, não só para reconhecê-lo, como para ficar mais à vontade para interpretar. Falei bastante disso no já mencionado ateliê "Riscar um fósforo" (Minerbo, 2024b), em que o colega tinha medo de dizer alguma coisa que fosse seduzir o paciente.

Se Marcos se sentir seduzido pela interpretação, é sinal de que a neurose infantil se atualizou como neurose de transferência (Freud, 1912/2010a). É tudo o que queremos, pois essa atualização é o que vai ajudar o paciente a elaborar ao vivo e em cores, no aqui e agora da sessão, o desejo edipiano recalcado. Marcos escova os dentes antes de entrar na sala de análise; leva um frasco perfume na mala para se perfumar antes de entrar em sessão; adora lavar as mãos com o sabonete perfumado, ritual que parece repetir sempre. São os movimentos normais de sedução da criança edipiana. Mesmo se ele achasse que a analista deixa o sabonete cheiroso de propósito para seduzi-lo, poderíamos interpretar: "e por que eu faria isso?"

Dentre os ateliês que já conduzi, observo que 25% dos casos discutidos são de pacientes que apresentam sofrimento neurótico, contra 75% de sofrimento não neurótico. Observo também que é mais difícil reconhecer e trabalhar com os primeiros, seja nas historinhas, seja na transferência com o analista.

Arrisco uma hipótese. Embora a atitude das pessoas em relação à sexualidade tenha mudado – em geral, há mais liberdade –, na clínica continuamos com as mesmas dificuldades em relação à transferência erótica. Talvez seja porque, ao contrário do sexo cotidiano, a transferência numa relação assimétrica desperta em nós o pavor do incesto, já que quem se apaixona pelo analista é a criança-no-adulto. Uma coisa é se relacionar eroticamente numa relação horizontal com um/a parceiro/a. Outra é sustentar na transferência as moções pulsionais da criança-no-paciente em relação à figura parental.

Quarto encontro

Começamos com uma nova historinha

> *Ontem assisti a um programa de TV onde um consultor é contratado para ajudar os proprietários de um restaurante que estava falindo. Era um cara mais velho, bem-vestido, musculoso, que entendia do que estava falando. Era um cara decidido que não tinha papas na língua. Os dois donos, um era um escritor e não ficava muito no restaurante e o outro também não era muito bom, foram aprendendo a pensar o que tinham feito de errado. Claro que me identifiquei com os dois, que não sabiam o que estavam fazendo. Se eu não mudar, vou ficar igual aos caras do restaurante.*
>
> *Como sempre, no fim de semana fui para Santos ver meus pais. Estão sempre me esperando ansiosamente. Ficam me oferecendo coisas, me perguntando se estou bem, cobrando. Odeio ser bajulado, parece que me acham um*

incapaz. Meu pai vendeu um imóvel e disse que metade do valor é meu. Eu disse que não queria o dinheiro, mas ele ficou insistindo e disse que vai depositar na minha conta. Claro que não vou jogar fora, mas me incomodou ele querer me obrigar a receber dinheiro dele.

M – COMO PODEMOS ESCUTAR ESSA LINDA HISTORINHA? OU SERIAM DUAS HISTORINHAS?

Na primeira, o consultor é o macho alfa com atitude. Os donos do restaurante são as crianças que estão brincando de trabalhar. O mundo dividido entre os grandes potentes e os pequenos impotentes. Enfim, mais do mesmo. O tema se repete e vai continuar se repetindo porque algo ali precisa ser elaborado e integrado. Proponho, então, exercícios de intervenção.

A colega diz que seria repetitivo dizer algo como "você se sente pequeno como eles". De fato, não seria suficientemente disruptivo. Mesmo uma intervenção do tipo "Você gostaria de se autorizar a dizer as coisas sem papas na língua como esse consultor" não seria novidade. Tudo isso ele já sabe. O que o tiraria da zona de conforto? Agora, enquanto escrevo, pensei no seguinte:

M – "VOCÊ FICOU FASCINADO PELO CONSULTOR MAIS VELHO, BEM-VESTIDO, MUSCULOSO, QUE SABIA O QUE ESTAVA FAZENDO".

O que será que ele faria com isso? A palavra "fascinado" seria totalmente nova para ele. Poderíamos dizer também "encantado". Escutando de nós as mesmas palavras que usou, talvez se desse conta da *atração sexual pelo consultor* – representação da figura paterna – implícita na historinha. Escutem novamente: o consultor mais velho, bem-vestido e musculoso, que sabe o que está fazendo. E atenção: eu não diria "você sentiu muita admiração" pelo consultor, porque isso diluiria e disfarçaria o conteúdo sexual. Seria o analista se defendendo.

Provavelmente Marcos ficaria incomodado e diria que "estava zoando", mas nós não largaríamos o osso da angústia que aflorou graças à nossa intervenção. É material pulsionalmente quente em demanda de elaboração – e só podemos malhar o ferro enquanto está quente. Viram a importância de intervenções disruptivas com pacientes cujo sofrimento é predominantemente neurótico?

A historinha tem uma segunda parte. Diz que odeia ser bajulado, não gosta quando seus pais ficam perguntando se está bem, se precisa de alguma coisa. Ele interpreta como cobrança e infantilização. Há vários níveis de leitura possíveis. O tema é dinheiro, o que sugere algo ligado à analidade. O pai vai depositar o dinheiro "na marra" na conta corrente dele, mostrando que é ele quem manda. Fico com uma imagem de estupro anal. Ele não quer o dinheiro do pai (quer crescer e se diferenciar do pai), mas o valor é muito tentador: estamos entre a sedução e o estupro. E por último, mas não menos importante, os pais que o esperam "ansiosamente" e ficam "bajulando" são também pais muito apaixonados por ele. O dinheiro é também uma forma de demonstrar amor pelo filho.

M – E SE ESCUTÁSSEMOS A HISTORINHA COMO UM SONHO?

"Sonhei que meu pai queria porque queria que eu aceitasse um enorme buquê de dinheiro. Era estranho: era como se fosse um buquê de flores, mas de dinheiro. Ele estava me seduzindo, mas havia também uma violência: ele me forçava a engolir o buquê. Era repulsivo, mas ao mesmo tempo, aquele dinheiro era muito tentador".

Se fosse um sonho, o sonhador representa seu pai como sedutor e apaixonado por ele (buquê de flores/buquê de dinheiro). E, na fantasia inconsciente, a grande soma goela abaixo (ou ânus adentro) simboliza o pênis potente (violento?) do pai. É repulsivo, mas tentador. Isso se chama *conflito neurótico*: aceitar ou recusar?

O importante é que as fantasias de desejo/sedução, que se apresentaram na cena analítica, com o perfume da analista, continuam com o consultor musculoso que o fascina e com o conflito entre receber ou recusar o pênis tentador do pai. Aliás, esse material evoca também o que vimos no primeiro encontro: o pai-consultor de sexo do seu filho; e o gerente-amigo, que parece gostar muito dele e queria tê-lo como colega de trabalho. Reunindo todo esse material, temos um conflito envolvendo a vertente negativa do Édipo. A impossibilidade de elaborar o conflito exige o recalque que mantém Marcos infantilizado.

Alguém no grupo comenta que, com a ideia de interpretações disruptivas, estou sugerindo que, em vez de falar sobre o mingau, a gente oferece o mingau para o paciente comer. Adorei essa analogia! Falar sobre o mingau seria dizer: esse mingau é de aveia, foi feito com leite, está espesso, está quente. Comer o mingau é pegar a colher, comer e aí dizer: "hum, é de aveia!"

Voltando ao caso, uma coisa é dizer que o perfume simboliza o corpo da analista. É falar sobre o mingau. Muito diferente de dizer "você tem prazer com o meu perfume". Aqui colocamos o mingau na boca. Dizer "O consultor é o grande que você gostaria de ser", é falar sobre o mingau. Já dizer "Você gostou do consultor musculoso que se veste bem", é comer o mingau. Vejam a diferença entre essas duas formulações:

- "Você se irritou porque sentiu que seu pai estava te seduzindo com o dinheiro dele".

- "Uma parte sua ficou seduzida pelo dinheiro do seu pai".

A primeira formulação se dirige à criança-nele. A segunda conversa com o adulto *sobre* a criança.

A colega que fez esse comentário continua: o analista tende a se defender com formulações genéricas sobre o mingau. É como remexer o mingau com a colher para ele esfriar. Enquanto comer o mingau, mesmo que seja pelas bordas, é correr o risco de se queimar. De fato, é preciso alguma coragem por parte do analista para dizer "que ele se sente seduzido pelo dinheiro do pai, que é ao mesmo tempo repulsivo e tentador".

E voltamos à dificuldade em trabalhar com a transferência erótica, que certamente é um mingau quentíssimo. Vale a pena repetir que nossas intervenções se referem simultaneamente ao adulto e à criança-apaixonada-no-adulto. E que paixão é dirigida a nós, analistas enquanto pessoa física, e, ao mesmo tempo, à figura parental que, enquanto pessoa jurídica, representamos na transferência. Não vamos seduzir o paciente ativamente, mas a sedução edipiana está no centro do conflito neurótico, quer queiramos, quer não. Por isso, precisa ser corajosamente interpretada. É para isso que o paciente nos procura. Caso contrário, a análise andará em círculos.

Alguém pede para que eu fale um pouco mais sobre a neurose. Então vamos lá.

Consideremos a queixa principal de Marcos: impotência (sexual e para a vida). É um sintoma neurótico. Não temos muito o que fazer com o sintoma. Temos que entender como ele se constituiu, e como Marcos "foi parar lá", na posição subjetiva que ocupa. Em quais vínculos intersubjetivos o sujeito foi obrigado a recorrer às defesas que limitam sua vida, configurando o sofrimento neurótico? Em resumo: como se produz a neurose? Tais questões são importantes porque indicam uma direção para o trabalho analítico.

Em sua travessia edipiana, o futuro neurótico encontrou no vínculo intersubjetivo um objeto que: se angustiou/se defendeu muito das demandas pulsionais da criança; ou passou do ponto, atuando suas próprias questões edipianas e excitando a criança além da conta. Esses dois extremos não ajudaram a criança a elaborar as questões ligadas às fantasias incestuosas, nem as questões ligadas às diferenças entre os sexos e entre as gerações. Ao contrário: para enfrentar os conflitos e as angústias mobilizadas nesse tipo de vínculo, a melhor solução que a criança encontrou foi recalcar toda essa problemática. No lugar do recalque fica uma "cicatriz", que é o infantilismo.

Sabendo disso, temos uma primeira "dica" para o analista: evitar ocupar esses dois extremos, essas duas posições no campo transferencial, pois isso reforçaria as defesas. Ou seja, a colega não deve se defender, passando longe do mingau quente, nem, por outro lado, passar do ponto, caindo de boca no mingau quente. Em geral, o medo de passar do ponto é mais consciente do que a defesa, que pode ser muito sutil. A análise de um analista serve justamente para que ele consiga transitar entre esses dois extremos quando a clínica assim o exige.

Para evitar esses dois extremos, o analista precisa se lembrar de que se trata de transferência amorosa/erótica. São elementos inconscientes ligados ao infantil que se atualizam na situação analítica. Isso significa que: o paciente tem quarenta anos e, ao mesmo tempo, é uma criança de quatro ou cinco anos; e o analista é o analista, uma pessoa, e ao mesmo tempo, é apenas o suporte transferencial de uma figura parental.

O manejo da transferência erótica fica mais difícil quando esquecemos esses dois detalhes, enxergando a situação na lógica do senso comum, isto é, um homem de quarenta anos seduzindo uma mulher (ou um homem). Se o paciente se sente seduzido pela analista, está fazendo exatamente o que tem que fazer: transferir as questões edipianas para a cena analítica.

Quando oferecemos o mingau (dizemos algo que cutuca o paciente, algo que será interpretado a partir de sua neurose), o paciente vai ficar angustiado e vai tentar se defender (o "estou zoando" é um exemplo de defesa). Não vamos recuar. Nem deixar barato. Em vez disso, vamos perguntar: "e por que eu faria isso com você?"

Percebem que graças à interpretação disruptiva – comer o mingau em vez de falar dele – conseguimos colocar o Édipo na roda para ser trabalhado? Nosso objetivo é criar, no campo transferencial, um ambiente intersubjetivo em que ele sinta que a analista *não está com medo* da sexualidade – nem da dele, nem da dela.

Detalhe: é importante que a analista (qualquer analista), ao contrário das figuras parentais, não esteja com medo da sexualidade – sua ou do paciente – para conseguir falar sobre o que está acontecendo num tom de aceitação benevolente. Para a elaboração do nó neurótico, é fundamental que a analista consiga falar sobre o desejo do paciente, sobre como ele gostaria que ela percebesse o perfume, mas como tem medo do que poderia acontecer entre eles; falar sobre o medo de ser ridicularizado por desejá-la, o medo de ser correspondido; e sobre como é gostoso levar um pouco da analista para casa, nem que seja o perfume do sabonete, e o medo de que isso seja proibido.

Em outros termos, nosso objetivo ao interpretar é criar um ambiente em que o recalque, que foi necessário para atenuar a angústia em algum momento da travessia do Édipo, deixe de sê-lo. Com isso, ele poderá *integrar a sexualidade* e usá-la para a vida. Por exemplo, tornando-se mais viril, mais potente.

Se tudo correr mais ou menos bem, ele vai sentir "essa daí sabe o que me agita por dentro e não tem medo (do meu desejo por ela)". Isso diminui a tensão/angústia, e o paciente pode se sentir emocionalmente seguro e relaxar, isto é, começar a *levantar o recalque*. Notem que o trabalho psíquico de levantar o recalque é *intrapsíquico*, é do paciente. Contudo, *nós* temos que oferecer a ele as condições *intersubjetivas* para que consiga fazer seu trabalho. Para Green (2005), o intrapsíquico e o intersubjetivo estão sempre acontecendo juntos.

~

O trabalho analítico se dá em dois *fronts* que se articulam. Quando interpretamos o material sobre o perfume, estamos, ao mesmo tempo, no nível intrapsíquico, dando sentido ao gesto dele; e no nível intersubjetivo, sendo na transferência um objeto que ele não teve: aquele que consegue reconhecer as forças/a pulsão que agita seu corpo sem ficar com medo.

E correndo o risco de ficar chata: falar sobre o mingau seria dizer "aqui você pode falar dessas coisas". Comer o mingau é falar sobre essas coisas *com a criança-nele* – a criança que está assustada com as forças pulsionais que o agitam, sem que ele consiga ligá-las a um sentido para atenuar sua violência.

A transferência sobre as representações (as historinhas/material onírico) e a transferência sobre o objeto são a "arena" (Freud, 1914/2010b) em que se atualiza o conflito infantil. É nessa arena – para continuar com nossa analogia, a mesa em que o mingau está sendo servido e comido – que o conflito pode ser elaborado para ser integrado.

Alguém pergunta como seria se, em vez de um núcleo neurótico, estivéssemos diante de um núcleo psicótico. Como seria a atualização da transferência erótica psicótica na arena da análise? Mais uma pergunta excelente!

Para o neurótico, o perfume simboliza o corpo da analista; é *como se* fosse o corpo da analista. Para o psicótico, não tem "como se". "Você colocou esse sabonete no lavabo de propósito para me deixar excitado". O paciente tem certeza absoluta de algo, e isso indica o retorno alucinatório do traumático (Minerbo, 2016b).

Para falar de como a sexualidade é explosiva, Freud (1915/2010c) usa a imagem do fogo no teatro. Há duas alternativas: ou o analista consegue incluir o fogo na peça e ele passa a fazer parte do roteiro ("por que eu faria isso?"); ou o analista não consegue fazer isso, o teatro pega fogo, a peça acaba e todos têm que sair correndo ("Você é uma perversa, está me seduzindo, vou embora daqui e vou denunciar você ao CRP"). Nesse caso, teríamos que pensar no trauma precoce, e não em conflito edípico. A experiência emocional ligada ao traumático não passou pela simbolização primária; ficou clivada e retorna na transferência como alucinação. Em termos do trabalho analítico, estamos diante de outro cenário. Desenvolvi esse tema no ateliê 2 do volume 1 desta série (Minerbo, 2024a).

Outra colega faz mais uma questão interessante sobre a ideia de criar um ambiente seguro na situação transferencial. Há pouco afirmei que interpretar o material sobre o perfume é importante porque permite que a angústia apareça. A colega pergunta se isso não tornaria o ambiente inseguro, ao invés de seguro. Vamos começar com uma imagem: é sempre melhor encarar o fantasma que tememos do que permitir que ele continue a nos assombrar no escuro. Por mais feio e assustador que ele seja, em algum momento vamos constatar que não passa de um fantasma.

Poder falar sobre o que deixa a criança-em-Marcos angustiada mostra que a analista suporta aquela situação, e é isso que cria um ambiente emocionalmente seguro. O paciente pode afrouxar a defesa porque percebe que a analista é capaz de conter a turbulência pulsional que surgir. Ao contrário do seu objeto de amor infantil, ela não vai se assustar, não vai censurar, não vai passar ao ato, não vai fingir que não viu. A consistência emocional da analista para conter e transformar o que vier cria um ambiente *seguro para que ele enfrente a angústia* e se permita associar livremente. É o caminho para que surja – e para que possa ser elaborado – o material que estava recalcado.

Em resumo: uma interpretação levemente disruptiva permite que a angústia apareça. Atenção: este é só o primeiro passo! Não podemos parar por aí. Seria como abrir a barriga do paciente para uma cirurgia, olhar, não fazer nada e mandar ele para casa com a barriga aberta. Vamos falar do que está ali, no aqui e agora da transferência. Essa atitude do analista torna o ambiente seguro para que o paciente afrouxe suas defesas – ele sabe que não vai ficar no ar, sem chão, no vácuo, ele com a sua angústia. Ao contrário: sabe que aquilo é necessário e vai servir para atravessar (acompanhado pelo analista) o conflito que ele nunca conseguiu atravessar.

Outro participante do ateliê formulou a mesma ideia de uma maneira interessante: a experiência de estar num ambiente perigoso (atenção: perigoso do ponto de vista da fantasia inconsciente da criança-no-adulto), mas em que nada do que é temido realmente acontece, é transformadora. Paciente e analista reconhecem que a situação temida fazia sentido (e a defesa era necessária) aos cinco anos, com o repertório psíquico daquela época; mas agora, com um funcionamento psíquico mais "adulto", não há mais o que temer e aquela defesa já não é necessária.

Depois dessa sequência de perguntas sobre teoria da técnica, a colega retoma o material clínico. Lembra-se de que Marcos falou muito livremente do perfume. E que não parecia um material particularmente angustiante. Foi por isso que ela interpretou como referência a um *bom encontro* (gostoso/perfumado) entre os dois.

Esse comentário é importantíssimo porque mostra a necessidade da teoria como pano de fundo da escuta analítica. Se Marcos fala tranquilamente do perfume, é porque não tem a menor ideia de como poderia estar sendo escutado pela analista. Lembro ao grupo que Freud (1900/2019) dizia que, no sonho, as ideias censuradas e inconscientes só podem aceder à consciência disfarçadas de material inocente. Caso contrário, produziriam angústia e o sonhador acordaria.

Freud nos mostrou como escutar e como interpretar o "material inocente" – as historinhas/os sonhos – para permitir que aflore o material recalcado. Ele já tinha uma teoria como pano de fundo de sua escuta. Uma linda caixinha cheia de joias é o material inocente que representa o grande valor dos genitais femininos (na época, a virgindade). Uma casa pegando fogo pode ser a representação de "queimar de desejo". Ele cria o conceito de recalque para dar conta do processo psíquico que acaba com a angústia tornando o material inconsciente inacessível. A escuta analítica e a interpretação fazem o caminho inverso.

Pois bem: Marcos fala do perfume em plena inocência. Não tem ideia de que está falando de seu desejo incestuoso devidamente recalcado. Acha que é "só um perfume" que ele trouxe na mala, e que quer passar antes de entrar na sala de análise para ver se a analista percebe – *era só para zoar!* Acha que é inocente seu "costume" de lavar as mãos para desfrutar do perfume do sabonete da analista. Acha que é uma linda coincidência ambos gostarem da mesma marca. Escova os dentes antes de entrar em sessão sabe-se lá para quê. Se tivesse alguma ideia do que está dizendo, com certeza ele se angustiaria.

Enfim, sem teoria como pano de fundo, não há escuta analítica. Então o material que estamos examinando é, de fato, totalmente inocente. Um cofre com joias é apenas um cofre com joias. Porém, a teoria sobre o Édipo nos obriga a reconhecer que há algo de inconsciente tentando se apresentar (para elaboração e integração) pela via das representações inocentes. O perfume não é só um perfume.

Não estou procurando "pelo em ovo". Se eu falo ao paciente de "um bom encontro", é verdade, é um bom encontro; mas é vago, não é disruptivo, não faz a angústia aflorar e, com ela, associações que nos levem ao infantil – o material recalcado. Temos de ser mais precisos – para ativar as energias, o acupunturista precisa espetar a agulha de acupuntura com precisão no ponto correto. No caso, se quisermos essa precisão, não tem como escapar de falar da sedução. Claro que, com jeito, aos poucos, vendo o que ele aguenta; não queremos nem aumentar as resistências, nem que o paciente fuja assustado. Contudo, somos pagos para tentar pegar o touro pelos chifres.

O que aprendi com este ateliê?

Muitas vezes, dizemos alguma coisa despretensiosa e somos surpreendidos pela abertura que aquele simples comentário proporciona. No terceiro encontro deste ateliê, a colega relata um começo de sessão com Marcos. Ele diz que "as plantas da sala de espera estão secas". Ela responde "mas continuam perfumadas". Essa intervenção funcionou como uma interpretação porque abriu um "portal psíquico". Uma linda cascata de associações começou a chover dentro da sala de análise, possibilitando o acesso a elementos do campo transferencial que estavam recalcados.

A pergunta que me fiz, agora que finalizo o relato deste ateliê, foi: de onde veio à analista o comentário "mas estão perfumadas"? Seria um comentário inocente que veio "do nada", e que abriu o portal psíquico por mero acaso? Ou, ao contrário, seria o efeito de algo que se movimentou no psiquismo da analista em função do que vínhamos discutindo no ateliê?

Eu apostaria na segunda hipótese. Suponho que, de alguma forma, ao reconhecer o sofrimento neurótico de seu paciente, ela pôde se aproximar do seu próprio desejo de que o paciente percebesse seu perfume (de sua sala de espera) – o que complementa o desejo do paciente de que ela percebesse o dele (ele trouxe em sua mala um "perfuminho"; se ele o usasse, "será que ela perceberia"?).

E o mais interessante: quem formulou a interpretação "mas continuam perfumadas" não foi exatamente a analista, embora a frase tenha saído de sua boca. Foi o que Ogden (2009) chamou de "terceiro analítico". É um novo sujeito psíquico que nasce na confluência entre os dois psiquismos, o da analista e o do paciente. Em outros termos, a interpretação nasceu no campo transferencial e foi produzida pelo campo transferencial em que o "namoro", até então clandestino, começa a poder ser nomeado – inicial e indiretamente pela analista, e logo pelo paciente por meio de suas associações.

Ateliê 3
A gata majestosa

Escolhi este ateliê por amor à (nossa) arte. Foi especialmente lindo e didático.

Partimos de uma historinha simples, mas intrigante, sobre a relação entre Marta e a gata do namorado. Esse material clínico exigiu certas ferramentas conceituais para poder ser interpretado. O conceito de exclusão primária nos ajudou a reconhecer a experiência dolorosa e traumática de não ter lugar no psiquismo materno – de "estar sobrando".

Foi surpreendente ver essa mesma configuração se repetir no campo transferencial. A contratransferência – entendida como "barulho que toca o corpo do analista" (Sociedade de Psicanálise de Brasília, 2022) – era, inicialmente, apenas um vago "incômodo". Sua elaboração durante o ateliê revelou a dor narcísica da analista por "estar sobrando" – agora era ela que estava vivendo a exclusão primária.

No terceiro encontro tivemos mais material sobre a exclusão primária, dessa vez na relação com as amigas. E como se não bastasse, no quarto encontro a dor narcísica da exclusão primária apareceu com clareza em um material sobre o ex-namorado de Marta – aqui, ele funcionava como um "avatar" da criança-em-Marta.

Tudo isso pôde ser conectado ao sintoma que trouxe Marta para análise. O pavor de perder a mãe era uma projeção alucinatória, no futuro, de um traumático que já tinha acontecido no passado: a súbita exclusão da criança do psiquismo de sua mãe.

Primeiro encontro

Nossa colega apresenta Marta. Tem trinta anos, vive com o namorado na Itália, onde trabalha numa empresa de *design*. Desde que se conhece por gente, tem pavor de perder a mãe, que tem uns 55 anos e goza de excelente saúde. Há quatro anos procurou análise porque acha que seu medo é "exagerado" e está prejudicando sua vida.

Antes de continuar, nossa colega compartilha um elemento da contratransferência, que ela sabe ser importante, mas não consegue elaborar. Se esquece dessa paciente com frequência, o que não acontece com os demais. Sente que não investe muito nela. Quando tem que levar um caso para supervisão, Marta nunca é uma prioridade. Foi exatamente por isso que nossa colega quis trazer Marta para o ateliê. "Queria oferecer a ela este lugar valioso (o ateliê)", diz ela.

Mais alguns dados de sua história. A mãe é uma médica que trabalhava num posto de saúde. Quando Marta tinha dois anos, ela se apaixonou e se casou com um médico que conheceu num congresso. Ele era uma sumidade na sua especialidade. Os dois passaram a trabalhar juntos em pesquisas cujo mérito era reconhecido internacionalmente. O pai se casou de novo, mas Marta nunca foi integrada à nova família. Viveu com sua mãe e seu padrasto, com quem se dava muito bem até ele falecer.

Começamos com o pavor que Marta tem de perder a mãe. O exagero e a desproporção indicam a presença da criança-em-Marta. Afetos primitivos, em estado bruto, são a cicatriz viva de um traumático que pertence à outra época e lugar. Sua intensidade sugere que algo não foi elaborado e integrado ao Eu. Ou seja, estamos diante da atualização de elementos inconscientes (clivados) ligados ao arcaico (Minerbo, 2024a). Se considerarmos sua idade cronológica, trinta anos, o pavor realmente é desproporcional. Mas quando entendemos que a criança-no-adulto tem uns dois anos, e ainda depende de sua mãe de forma absoluta, o pavor de perder a mãe não é nada exagerado.

~

Nossa colega continua. Antes de ir para a Itália, Marta teve um namorado que, segundo ela, a tratava muito mal. Era uma relação abusiva.

M – TEMOS HISTORINHAS QUE MOSTREM COMO ERA ESSA RELAÇÃO?

Pausa para falar desse termo que uso muito nos ateliês: *historinhas*. Tem a ver com como entendo e pratico a escuta analítica. Sessão após sessão, o paciente fala de situações que são variações em torno do mesmo tema. Como eu escuto as historinhas? Algumas eu escuto como se fossem um sonho, quer dizer, como representação simbólica ligada à problemática infantil. Outras, como se fosse um pesadelo, isto é, como *representação não simbólica* ligada à problemática arcaica que continua assombrando o Eu.

Parece estranho? Sim, é estranho; mas a escuta analítica é estranha. Vocês já se perguntaram por que falamos em "fazer uma formação" e não em "fazer um curso" de psicanálise? Afinal, o que formamos – o que se forma em nós – durante os muitos anos de formação psicanalítica? Formamos um tipo de escuta que tem como pressupostos teóricos os conceitos de inconsciente e transferência, e como pano de fundo, as teorias psicanalíticas. É tão importante que falo sobre isso em todos os ateliês, cada vez de um jeito diferente, conforme a inspiração do dia. Hoje farei um paralelo entre a historinha e a brincadeira da criança.

Vamos imaginar que ela brinque com dois bonequinhos, e um maltrata o outro. Claro que um dos bonequinhos representa a criança. A gente quer saber como um maltrata o outro, o que diz, como o outro reage. A gente quer que a criança crie uma historinha. E por quê? Porque ela nos dá acesso ao mundo interno, às situações vividas, tal como foram internalizadas, mas não integradas. A criança coloca em jogo, em cena, as questões que estão em demanda de elaboração.

E o que fazemos ao ver a criança brincar? Entramos na brincadeira narrando o que estamos percebendo sobre a posição subjetiva de cada bonequinho. "Puxa, este aqui está sofrendo!"; "Ele não pode fazer nada para se defender?"; "Por que não pode fazer nada?"; "E não tem ninguém para ajudar?". Essas perguntas indicam que entendemos que o bonequinho que está apanhando é um avatar da criança. E que o outro bonequinho é um avatar de algum aspecto da figura parental.

Notem que, quando digo "avatar", estou usando o conceito de *transferência*. Um aspecto do sofrimento da criança está sendo transferido para aquele bonequinho; ou, melhor dizendo, *a situação toda* que produz sofrimento psíquico está sendo transferida para a cena da brincadeira.

Vou repetir: tanto o bonequinho como a cena são representações. Quer dizer, o bonequinho e a cena *representam* algo, estão no lugar de alguém. A cena que está sendo representada é a forma visível, perceptível, do *nó inconsciente* que mantém a criança enroscada em algum aspecto da figura parental.

Pois bem: em geral, em vez de brincar, o adulto fala. Por exemplo, ele conta historinhas. Essas representações estão pulsionalmente quentes, indicando que uma situação que pertence a outra época e lugar está se atualizando na cena descrita. Você provavelmente já entendeu: as situações e os personagens que aparecem nas historinhas são, ao mesmo tempo, internos e externos. Essa é a enorme diferença entre a escuta de um analista e a escuta de um bom amigo na mesa do bar.

~

Fecho esse parêntese para voltar à Marta.

Pergunto à colega que apresenta o caso como era a relação de Marta com o "parceiro abusivo". Notem que o termo se popularizou, mas nós queremos saber o que *ela* quer dizer com "abusivo". É um parceiro que bate nela? Que não tolera que ela saia com as amigas? Que está sempre criticando o que ela faz? Para nós, importa o tipo de relação de objeto que está sendo descrito com a palavra "abusivo".

A colega conta que ele *a desqualificava o tempo todo*. Era um abuso moral. No entanto, Marta se submetia porque achava que "nunca conseguiria outro namorado". É uma racionalização comum. Porém, o que isso indica, em termos da posição subjetiva que ela ocupa nessa relação? Será que ela se sente tão dependente do objeto, que precisa aguentar qualquer coisa para não ser abandonada? Ou será que ela se acha tão desinteressante?

Em algum momento pudemos entender que, para ela, um namorado não é exatamente um companheiro com quem dividir a vida. É alguém que teria de *priorizá-la*. O importante, no namoro, é *ser priorizada*. O resto – sentir-se respeitada ou não – importa menos.

M – OOPS! ISSO COMBINA COM A CONTRATRANSFERÊNCIA DA ANALISTA, QUE NÃO PRIORIZAVA ESSA PACIENTE QUANDO TINHA QUE LEVAR UM CASO PARA SUPERVISÃO.

Com muito custo, há dois anos, Marta conseguiu se separar. Começou a namorar um italiano e agora está morando na casa dele, mas está com problemas com Tatá, sua gata. Sempre amou bichos e sempre se deu muito bem com eles. Assim que chegou, tentou se aproximar dela, mas "não foi bem recebida". A gata não quis seu carinho, deixando claro que não precisava dela. Agora, as duas estão se odiando. Ela também está decepcionada com os amigos do namorado, que não a receberam bem. E o trabalho é bem menos interessante do que esperava. E aqui vem uma primeira historinha.

> *Tatá, a gata do meu namorado, é linda, maravilhosa. Tem um porte majestoso e um olhar firme e penetrante. Costuma ficar sobre um móvel bem no centro da sala, um verdadeiro trono. Perto dela, me sinto insignificante e sem espaço na casa. Tenho certeza de que ela se sente invadida por mim e que, se pudesse, me mandaria embora. Eu também faço coisas que eu sei que ela odeia. Tenho vontade de torcer o pescoço dela. Não posso contar isso para ninguém. Me sinto uma pessoa horrível. Até me queixei com meu namorado, mas entendi que, entre mim e a gata, ele escolheria a gata. Cheguei a pensar em terminar o namoro, ou pelo menos em me mudar daqui.*

O que mais me encantou nessa historinha é que parece material de análise de criança. Temos os bonequinhos: ela e a gata (que ela descreve como linda e majestosa). E temos a cena: ela se sente *insignificante* diante de uma gata que reina majestosa. "Insignificante" indica sofrimento narcísico. A dor se transforma em ódio. Daí que ela queira torcer seu lindo pescoço.

Vejam como tudo nesse material é autorreferido: a gata não gostou dela; os amigos do namorado não a receberam bem; o trabalho não está à sua altura. Ou seja: a Itália – que representa o objeto idealizado – prometeu que ela seria feliz, mas não está cumprindo sua parte. A Itália "lhe deve". A realidade não corresponde às expectativas. Marta continua na *posição subjetiva do narcisismo primário*. Ela continua achando que é – ou que deveria ser – o centro do mundo, e que existe um objeto (a Itália) que está lá para fazê-la feliz (Minerbo, 2023).

Pois bem: se ela não conseguiu sair dessa posição subjetiva é porque não encontrou, no vínculo precoce, as condições necessárias para realizar o *luto primário*. O que será que aconteceu entre Marta e seu objeto? O que será que tornou seu luto impossível?

M – VAMOS PRECISAR ARTICULAR O UNIVERSAL DA TEORIA (SOBRE O PROCESSO QUE CHAMAMOS DE LUTO PRIMÁRIO) E O SINGULAR DA CLÍNICA (MARTA NÃO CONSEGUIU FAZER ESSE LUTO).

Talvez a historinha sobre a gata nos dê alguma dica. Costumamos pensar nos animais de estimação – os bichos que estimamos/amamos – como se fossem filhos. No entanto, do ponto de vista da escuta analítica (que tenta acessar a criança-no-adulto), faz mais sentido pensar neles como suportes transferenciais de aspectos bons/amados da figura materna. São como ursinhos de pelúcia, mas vivos. Nesse caso, contudo, Tatá é odiada. Quem, ou o que, essa gata representa?

M – PRECISAMOS DE UM OU MAIS CONCEITOS QUE NOS AJUDEM A INTERPRETAR O MATERIAL CLÍNICO.

Começo lembrando o conceito de *cisão do objeto* em extremamente bom e extremamente mau, que caracteriza a posição esquizoparanoide (Klein, 1946/1991). Quando o objeto gratifica, é tudo de bom. Quando frustra, passa imediatamente para o polo oposto e passa a ser odiado. É a lógica do Tudo ou Nada – primitiva no sentido em que não enxerga nuances. Nesse tipo de funcionamento mental, há uma dependência absoluta em relação à mãe arcaica, vivida como extremamente poderosa no bom e no mau sentido – ela pode salvar, mas pode matar. Costumo chamar esse objeto de Entidade (Minerbo, 2023; 2024a; 2024b).

A primeira ideia que podemos explorar é a de que a criança-em-Marta faz uma cisão em relação ao objeto materno. Ama de paixão a mãe maravilhosa, idealizada, de quem depende de forma absoluta. Ao transferir esse aspecto da mãe arcaica para a mãe atual (a mãe com quem convive hoje em dia), compreende-se que tenha pavor de perdê-la. Essa transferência é responsável pelo medo "exagerado" que ela mesma percebe. E onde foram parar os aspectos odiados da mãe arcaica? Suspeitamos que foram parar na gata. A gata é odiada porque é o suporte transferencial desse aspecto do objeto interno, isto é, do polo mau do objeto cindido.

~

Gostaria de introduzir aqui uma ideia importante. Dizer que a gata é o suporte transferencial dos aspectos odiados da mãe não nos ajuda a entender de onde vêm e quais são tais aspectos. Ora, esses elementos têm menos a ver com o fato de que a mãe frustra a criança, e mais a ver com aspectos traumáticos vividos no vínculo intersubjetivo com o objeto primário, pois há uma diferença entre frustrar e traumatizar.

- *Situação traumática: necessidades emocionais básicas da criança de zero a quatro anos, necessárias para a constituição de um bom narcisismo de base, não são atendidas pelo ambiente.*
- *Frustração: negar algum tipo de gratificação – algum tipo de prazer – a uma criança maiorzinha, cujo narcisismo de base já está suficientemente constituído.*

O traumático produz dor. A frustração produz desprazer. São situações muito diferentes. Nesse sentido, o que está sendo transferido para a gata são os traços mnésicos de uma experiência intersubjetiva traumática. Uma situação do passado está sendo transferida para uma situação do presente. A gata não é odiada em si mesma, mas dentro de um contexto: uma cena em que ela é uma das personagens e a criança-em-Marta é a outra.

M – E QUAL SERIA ESSE CONTEXTO?

Voltemos ao material clínico. O que diz Marta? "A gata não me recebeu bem. Não quis o meu carinho, deixando claro que não precisa de mim. Ela reina, majestosa, sobre a casa, ocupa todo o espaço, sinto que estou sobrando". Esse é o contexto – essa é a relação intersubjetiva – no qual a gata passou a ser odiada. A cena traumática que está sendo transferida para a situação presente parece ser algum tipo de dor narcísica: "não sou importante para essa gata maravilhosa". Não é uma mera frustração.

M – E QUAL É O DESTINO DAS SITUAÇÕES TRAUMÁTICAS?

No referencial freudiano, encontramos o conceito de *clivagem* (Freud, 1927/2014; Roussillon, 1999). Diferentemente da cisão kleiniana, que incide sobre o objeto (dividido em bom e mau), a clivagem freudiana incide sobre o Eu. O que significa isso? Que uma parte das experiências emocionais vividas no vínculo intersubjetivo pôde ser representada e integrada ao Eu. E outra parte – experiências de dor vividas no vínculo intersubjetivo – não puderam ser representadas nem integradas ao Eu. Esses elementos ficam clivados, quer dizer, sem representação, e por isso mesmo continuam produzindo efeitos na vida das pessoas. Aqui temos um desses efeitos: ódio da gata majestosa (que não precisa da criança-em-Marta). Notem que, se não acrescentarmos a parte que está entre parênteses, indicativa de certo modo de presença do objeto (um objeto que não precisa da criança-em-Marta), o ódio à gata simplesmente não faz sentido.

Até agora, estamos trabalhando com duas ferramentas teóricas fundamentais para o pensamento clínico: a noção de traumático clivado e de intersubjetividade. Vamos acrescentar mais uma. Os elementos não representados (clivados, não integrados da história emocional entre a criança e seu objeto) podem ser "acordados" por uma situação atual. Nesse caso, claramente, o traumático foi acordado por um fato: a gata não quis o seu carinho. Não temos ideia do motivo pelo qual a gata não quis seu carinho, mas sabemos exatamente como Marta interpretou esse fato. Ela interpretou o fato à luz do traumático clivado: "não sou importante para essa gata, estou sobrando aqui". O conceito necessário é o de *retorno alucinatório do traumático.*[1]

A situação toda envolvendo a relação entre a criança-em-Marta e a gata se torna mal-assombrada porque ela é o suporte transferencial do retorno alucinatório do traumático. Tatá deixa de ser apenas um bicho que não gosta de carinho. Ela se torna mal-assombrada. Se assim não fosse, Marta não cogitaria sair da casa e até terminar com o namorado. O termo "alucinatório" se refere ao fato de que

1 Falei bastante sobre isso no Ateliê 2 do volume 1 desta série (Minerbo, 2024a).

tudo isso é vivido com uma convicção perceptiva inabalável: "a gata não precisa de mim, estou sobrando aqui nesta casa". Outra pessoa poderia dizer "essa gata não curte estranhos, que pena".

Estamos, então, diante de uma alucinação: a criança-em-Marta vê a gata como plena, completa, "alguém" que não precisa dela. Quem será que Tatá representa? Ou melhor, que situação do passado se atualiza na situação atual?

Tudo o que a criança-em-Marta quer é que a gata dê algum sinal de precisar dela e do seu amor. Normalmente, é isso que acontece: a criança pequena tem valor de falo para a mãe, ela é absolutamente preciosa, maravilhosa, hiperinvestida, tanto que sua perda seria horrivelmente dolorosa ou até impossível. Contudo, há situações em que a criança não consegue ocupar esse lugar. Por exemplo, quando a mãe se apresenta como plena, não castrada; ou uma mãe narcísica.

Essa experiência pode ser traduzida inconscientemente pela criança como "não sou importante", "estou sobrando", "não me prioriza" (Marta aguentava um namorado abusivo porque, apesar de tudo, a "priorizava"). Não por acaso, é exatamente assim que ela interpreta o fato de a gata não se interessar pelo seu carinho.

Quero corrigir uma parte dessa afirmação. A experiência dolorosa de não ter espaço no psiquismo da mãe fica sem tradução possível pela criança pequena. Em outros termos, há a percepção/sensação de ser pouco investida; essa percepção se inscreve no psiquismo, deixa marcas mnésicas, mas não é possível atribuir um sentido a essa experiência, que fica clivada. É exatamente o que retorna alucinatoriamente: "a gata não faz questão de mim".

Sintetizando: nossa primeira hipótese, então, é de que o traumático, clivado, que retorna como percepção alucinatória, seria algo na linha de: "ela" (mãe-gata maravilhosa) *não precisa de mim, ela não me prioriza, prioriza outras coisas, está completa, e eu estou sobrando.*

Se Marta contasse tudo isso a um amigo, ouviria "deixa pra lá", mas quando conta essa historinha em análise, sabemos que ela está colocando em jogo algo do traumático. E que precisamos usar esse material para ajudá-la a simbolizar e integrar um passado que não passou.

~

Alguém no ateliê pergunta se poderíamos pensar em rivalidade edipiana entre Marta e a gata, já que a situação é triangular (a gata, seu dono e Marta, que se sente excluída). Excelente pergunta!

Há material que sustenta essa leitura. Marta diz que, entre ela e a gata, o namorado escolheria a gata. Seria uma rivalidade edipiana, no sentido de que estaria competindo com a gata pelo amor do mesmo homem. Percebendo-se em desvantagem, Marta sente ciúmes da gata. No entanto, não acho que o ódio tem a ver com isso. Numa segunda leitura, há uma rivalidade narcísica entre ela e a gata. Não há lugar para as duas: só uma pode existir. O namorado está na cena não como objeto de amor disputado pelas duas, mas como quem vai dar o veredicto final sobre quem vai viver e quem vai morrer. Ele com certeza votaria a favor da gata. A lógica emocional "ou eu, ou você" indica rivalidade narcísica.

Aqui, associo com a história da Branca de Neve. A madrasta ("espelho, espelho meu, há mulher mais bela do que eu?") não tolerou que a menina, agora adolescente, também fosse bela. Na rivalidade narcísica, só uma pode ser bonita e existir; a adolescente passou a ser uma ameaça ao seu narcisismo e precisava ser eliminada.

Vejo também uma terceira leitura: ela está lutando pelo amor da gata! Nessa linha de raciocínio, não há três personagens, mas apenas dois: ela e a gata. Nesse material, a gata é muito mais importante do que o namorado, de quem ela quase não fala! É doloroso sentir que a gata não está nem aí para ela. O ódio é a defesa possível contra a dor dessa ferida narcísica. Ela, que ama *pets*, está fascinada pela gata; os adjetivos que usa para descrevê-la não deixam dúvidas. Infelizmente, seu amor não é correspondido. Essa leitura faz muito sentido se lembrarmos que a gata é o suporte transferencial de um aspecto da figura materna.

Atenção para um *spoiler*: adiante, levantaremos a hipótese de que, quando a mãe de Marta se apaixonou e se separou do pai para se casar com "O Cara" (é assim que a colega descreve o novo parceiro da mãe), ela de fato se sentiu completa. O novo marido ocupou o lugar de falo. A garotinha, então com dois anos, "caiu" de seu psiquismo.

Claro que isso é apenas uma construção da mente do analista (Freud, 1937/2018b), mas essa construção dá inteligibilidade ao conjunto do material clínico. Um elemento importante a favor dessa hipótese é a contratransferência. A primeira coisa que a colega nos contou é que sentia que *não priorizava* essa paciente. Já vimos essa expressão aparecer em outros contextos (um namorado, mesmo abusivo, é alguém que a prioriza). Ou seja, há uma identificação inconsciente da analista a esse aspecto da figura materna: ela "dá corpo", encarna transferencialmente a mãe que não prioriza a filha.

Além disso, e agora passando para o nível edipiano, faz sentido pensar que ela também ocupou um lugar periférico em relação ao novo casal, absorvido em si mesmo e em sua paixão comum pelo trabalho. Alguém no ateliê lembra que ela também não foi integrada à nova família do pai.

Esse material permite falar em dois tipos de exclusão: uma exclusão narcísica – não caber no psiquismo da mãe; e uma exclusão edipiana – ela não cabia na nova família da mãe, nem na do pai. Proponho chamar a exclusão narcísica de *exclusão primária*, e a edipiana de *exclusão secundária*.

A exclusão primária é traumática porque a constituição de um bom narcisismo primário depende de um investimento libidinal maciço na criança, vista e tratada como falo precioso. Quando bem-sucedido, esse investimento libidinal torna possível o trabalho psíquico seguinte, que é a integração da exclusão secundária. Esta é necessária e constitutiva. A criança tem que fazer o luto da posição anterior, de ser o falo da mãe. Para tanto, a mãe tem que aceitar emocionalmente que a criança é "outra pessoa", e não o seu falo.

Quando a exclusão secundária pode ser integrada, o sujeito reconhece emocionalmente a triangulação e se torna apto a investir mais de um objeto. Há um ganho de autonomia em relação ao objeto primário quando o sujeito pode investir também o terceiro (p. ex., o pai).

Abro um parêntese para comparar o vínculo entre a criança e a mãe narcísica, com aquele outro que se estabelece entre a criança e a mãe cujo narcisismo é capenga.

A mãe narcísica se sente plena consigo mesma (ela é seu próprio ideal) ou com seus objetos (que a preenchem totalmente), e por isso não consegue investir a criança.

A segunda, ao contrário, precisa muito da filha, e faz um uso narcísico dela. A criança fica capturada na função de cuidar da mãe e terá dificuldade em conquistar autonomia e criar uma vida própria (Minerbo, 2020a). Na verdade, a dependência é recíproca (é uma codependência): cada uma tem pavor de perder a outra.

No caso de Marta, o pavor que sente de perder a mãe indica sua dependência absoluta, mas nada indica que a mãe também dependa dela. Muito pelo contrário: sua maior dor é constatar que a gata-mãe não precisa dela porque já tem tudo.

~

Nossa colega traz um fragmento curioso. Quando falava do ódio à gata, Marta associa com o ódio que sente em relação a um aluno (dava aulas particular de italiano antes de emigrar) dela que tem apenas quatro anos. Também acha um absurdo sentir ódio desse garoto que não lhe fez nada.

M – QUAL PODE SER O ELO ASSOCIATIVO? O QUE MAIS SABEMOS SOBRE ELE?

Nossa colega esclarece que sua paciente o descreveu como muito bonzinho. Ele não reage quando os coleguinhas fazem com ele alguma coisa de que não gosta. Ela se revolta com tamanha passividade. Prefere os alunos briguentos, mesmo que deem mais trabalho.

Excelente! Podemos, então, imaginar que o garoto bonzinho "que não reage" está no lugar da criança que ela foi. A menininha que nunca chegou a expressar – talvez nem mesmo a sentir! – ódio em relação à mãe que se ausentava por longos períodos. Ela ficava na escola em período integral, e com frequência era "largada" na casa de amiguinhos.

Aproveito para lembrar que, muitas vezes, essas crianças podem ter a reação oposta. Ao invés de se tornarem boazinhas e passivas, tornam-se difíceis. Vai "embolando o meio de campo": não só o ambiente não se implica, como ainda acusa a criança de ser "chata" e de "querer chamar a atenção". Eventualmente, isso será internalizado como identificação com o agressor: "sou chata, eles têm razão de me rejeitarem".

Nossa colega traz mais uma historinha:

> *Um dia eu estava varrendo a sala para tirar os pelos dessa gata maldita. Ela passou correndo na minha frente e eu corri atrás dela com a vassoura. Fiquei imaginando que, se alguém me visse pela janela, ia pensar que sou louca. Sou um horror de pessoa.*

A analista imagina a cena (como se fosse ela a olhar pela janela) e diz: "parece aquele desenho animado do Tom e Jerry".[2]

Explico aos jovens participantes do ateliê que Tom e Jerry é um desenho animado. Tom, o gato, está sempre atrás do ratinho Jerry para tentar comê-lo. Tom é mais forte, mas Jerry é mais esperto. Não só ele sempre dá um jeito de escapar, como consegue inverter a situação: é o gato que sempre se dá mal e fica humilhado.

Agora vejam: não há intervenções certas ou erradas; há intervenções produtivas ou não. E como podemos saber se uma intervenção foi produtiva? Quando nossa colega diz "parece Tom e Jerry", Marta responde imediatamente: "sempre torci para o Tom pegar o Jerry, ao contrário dos outros, que torciam para o Jerry".

> M – OOPSS! A INTERVENÇÃO DA ANALISTA FOI MUITO PRODUTIVA! A INTERPRETAÇÃO DE MARTA VAI CONTRA A LEITURA DA MAIORIA DAS PESSOAS, E ISSO CERTAMENTE É SIGNIFICATIVO. COMO PODEMOS ENTENDER ESSE MATERIAL?

Marta percebe que Tom não é apenas o vilão, e Jerry não é apenas a vítima. Ela enxerga uma dinâmica mais sutil, invisível para quem faz uma leitura superficial. Percebe a violência dissimulada de Jerry.

---

2 Um exemplo desse desenho animado pode ser assistido neste link: https://shre.ink/xVze

Com a boa desculpa de estar tentando salvar a pele, provoca e elabora planos que vão tirar Tom do sério. Ninguém parece notar que ele "causa" para enfurecer o pobre gato, até que, cego de ódio, o bichano repete mais um fracasso doloroso e humilhante. Jerry faz tudo isso, e ainda sai bonito na foto, já que todos dão risada e aplaudem sua esperteza.

Marta se identifica com Tom. Ela *transfere* (desloca, projeta) para o desenho animado algo de seu mundo interno. O desenho é um bom suporte transferencial para sua percepção de que foi vítima de um tipo invisível de violência inconsciente no vínculo intersubjetivo: ninguém – nem ela – enxerga a dor da criança que foi subitamente desinvestida de valor fálico pela mãe. Ao contrário, todos – inclusive ela mesma – só enxergam aquilo que é mais visível: a mãe maravilhosa.

Assim como Tom nunca terá Jerry, Marta nunca terá sua mãe. Há uma aceitação passiva dessa situação, como o aluno de quatro anos que ela odeia por ser tão passivo. O ódio, aparentemente sem sentido, sugere sua identificação com o garoto. É possível que ele não reaja porque não chega a fazer contato com sua dor, nem, portanto, com seu ódio. Da mesma forma, a criança-nela não chegou a sentir a dor pelo trauma cotidiano de não ter valor fálico para a mãe plena.

A dor e o ódio ficaram clivados. Agora, em análise, a clivagem começa a diminuir. Sabemos disso porque Marta começa a fazer contato com esses afetos. Num primeiro momento, ainda de forma alucinatória; mas é melhor do que o silêncio anterior, nenhuma palavra ou imagem para falar da dor-ódio pela paixão não correspondida pela gata-mãe.

Spoiler: no segundo encontro, veremos de que forma tudo isso se atualiza na transferência com a analista.

Já no fim do primeiro encontro, uma participante do ateliê faz uma contribuição divertida que nos ajuda a entender o conceito de percepção alucinatória. Ela diz que precisa "dar *match*" entre aquilo que está sendo transferido a partir do mundo interno e as características reais do suporte transferencial no mundo externo.

É isso mesmo! O pulo do gato (!) é entendermos que a gata – suporte transferencial dos aspectos odiados da figura materna – precisa ter características reais para acolher essa transferência: ela precisa ter um porte majestoso e parecer narcisicamente plena. Seria impossível transferir essa configuração interna para uma gata carente, mirrada e feiosa. Da mesma forma, não seria possível transferir o aspecto gostoso e quentinho da mãe sobre um ursinho espinhudo. Ele não poderia acolher essa transferência. *Não daria match*!

Em outros termos, precisa *dar match* entre o criado e o achado. O conceito de criado-achado resume o paradoxo que funda a escuta analítica: as historinhas falam, ao mesmo tempo, da realidade externa, e da realidade psíquica. O paciente escolhe a dedo (como a criança escolhe a dedo o brinquedo na caixa de ludo) as situações externas que servem de suporte adequado para expressar algo de sua realidade psíquica, ainda que nem paciente nem criança compreendam conscientemente tais escolhas.

O que será que o segundo encontro vai trazer de novo?

Segundo encontro

No primeiro encontro, nós nos detivemos sobre a gata, ou melhor, sobre a relação entre Marta e Tatá. Interpretado pelo crivo do retorno alucinatório do traumático, o material clínico nos levou a privilegiar a transferência de material inconsciente para as historinhas. A situação com a gata se torna mal-assombrada porque é vivida, com convicção perceptiva inabalável de que "a gata não precisa de mim, estou sobrando". Imagino que, para ela, aquele olhar penetrante típico dos gatos seja um olhar frio, de desprezo/ódio.

Considerando a dimensão da transferência sobre as historinhas – que Green (1984) chama de transferência sobre a linguagem –, A gata majestosa" é um bom título para este ateliê, ou até "A gata mal-assombrada". Como vimos, para que essa transferência seja possível, precisa *dar match* entre as situações interna e externa do sujeito. É esta última que servirá de suporte transferencial para dar visibilidade aos elementos do mundo interno. Quando *dá match*, elas se sobrepõem. E se sobrepõem tão bem que corremos o risco de escutar apenas a realidade externa. É o risco do que venho chamando de dissociação teórico-clínica.

A interpretação das historinhas do primeiro encontro me levou a formular a hipótese de que Marta sofre porque seu fascínio pela gata maravilhosa (representando a figura materna) não é correspondido. A dor narcísica por não ter valor se transforma em ódio dessa figura "plena, que não precisa do seu amor". Essa seria a situação traumática do passado que não foi elaborada, e que está sendo transferida para a situação com a gata. É por isso que ela se torna mal-assombrada e retraumatiza nossa paciente, a ponto de Marta estar considerando fugir do apartamento do namorado por causa da gata.

Vimos também como os conceitos de inconsciente e transferência são indispensáveis para a escuta analítica, e para elaborar um pensamento clínico. O *passado que não passou* continua vivo no presente. É isso que embola a vida – a nossa e a dos nossos pacientes. No meu livro *Transferência e contratransferência* (Minerbo, 2020b), uso o termo "quiprocó" para falar disso. A expressão vem do latim *quid pro quo* e significa: aqui no lugar de lá, agora no lugar de então. Passado e presente se sobrepõem e se confundem. E causam esse nó no qual Marta está enroscada.

Ainda na recapitulação do primeiro encontro, uma participante do ateliê pergunta se, quando eu digo que a gata está mal-assombrada, estou me referindo ao conceito de *unheimlich* (Freud, 1919/2010d).

Ela lembra que Freud também usa esse termo. Eu não sabia que Freud usou o termo mal-assombrado, mas fico feliz em saber, pois corresponde à mesma observação clínica.[3] Nessa mesma linha, Green falou em "o alucinatório" (1993) e Roussillon formulou a ideia de "retorno alucinatório do traumático" (1999; 2002). Estão todos dizendo que certas situações podem ser investidas transferencialmente como repetição do traumático, tornando-se mal-assombradas.

~

M – E O QUE TEMOS PARA HOJE?

A colega que está apresentando o caso diz que quer apresentar a sessão seguinte à que discutimos no primeiro encontro. Hoje tem outro gato na história. Além disso, de uma semana para outra, percebeu uma mudança na atitude de Marta. Ela, que sempre foi uma paciente tão cordata, acolhia as intervenções, não estava dando entrada – estava meio "do contra".

M – ENTÃO HOJE TEMOS NOVOS ELEMENTOS CONTRATRANSFERENCIAIS! COMO É ESSE "DO CONTRA"?

A colega traz um exemplo. Marta voltou da Itália para passar um tempo no Brasil. Ela imaginava que, nesse contexto, aproveitaria para ir presencialmente à sessão, como fazia antes da pandemia.

3 No artigo *Das Unheimliche* (1919), Freud faz uma investigação extensa sobre as traduções que o termo recebe em alguns idiomas. Geralmente, *unheimlich* recebe mais de uma tradução, denotando a polifonia do termo e, ao mesmo tempo, a dificuldade em circunscrevê-lo. Em inglês, uma dessas traduções é a palavra *haunted*, que, em português, traduziríamos por mal-assombrado.

Como mora perto do consultório, costumava ir a pé. É verdade que depois não quis voltar ao presencial, mas, para surpresa e decepção da analista, Marta não quis aproveitar a oportunidade para ir ao consultório. Nossa colega ficou incomodada. Eis o fragmento clínico.

> *Estou no Brasil. Queria ir aí, achei que ia, mas não me organizei. Acordei e quis tomar um café da manhã com calma, bem gostoso. Aí me deitei aqui na cama com minha gata, as duas abraçadas debaixo de um edredom quentinho. Achei melhor ficar aqui porque está uma delícia, não quero sair daqui por nada.*

A colega diz que Marta repete várias vezes que está muito bem ali e que não quer sair de casa. O que chama minha atenção é o clima de idílio maravilhoso entre ela e sua gata. A analista também percebe o clima, e intervém dizendo "tão diferente da situação com Tatá, na semana passada!" A paciente dá uma cortada dizendo que não está a fim de falar disso. Nossa colega fica incomodada com o tom rude e cortante.

Marta continua dizendo que está curtindo estar no Brasil, descreve as coisas boas que reencontrou, minimiza os problemas.

> *Aqui tem minha mãe, que é a pessoa que eu mais amo e com quem eu fico melhor no mundo. A gente já fez muita coisa juntas, fomos ao brechó, compramos uma coleção de xicrinhas. Quando eu era criança, meu sonho era ela ir me buscar na escola, o que nunca acontecia. Não é que eu era sozinha; ela trabalhava muito, mas eu tinha a presença dela. (Rapidamente acrescenta) Mas não quero falar disso.*

Mais uma vez, a colega experimenta um incômodo. Aqui, eu me lembro de uma palestra de Fernando Urribarri (Sociedade de Psicanálise de Brasília, 2022) em que ele diz que a contratransferência é um barulho que toca o corpo do analista. E que elaborar a contratransferência é transformar esse barulho em sentido. Pois bem. A analista sente um "incômodo": é um barulho. E qual seria o sentido?

Como numa partitura musical, há um tema que se repete desde o início dessa sessão. O tema é a situação idílica entre ela e seu objeto. Em paralelo, há acordes dissonantes, como o "chega para lá" dirigido à analista. Essa seria uma boa maneira de traduzir seu incômodo. A mensagem é "não me atrapalha, não estraga meu idílio".

No ateliê, adotamos a palavra "tranco" para falar da contratransferência. De repente, "enxergo" a cena transferencial e as identificações complementares que a compõem. De um lado, temos Marta identificada com a mãe narcísica plena (está plena com sua gata, está plena com a mãe do brechó, a coleção de xicrinhas está completa). De outro, a analista que percebe que não tem entrada e que está sobrando. Imagino que ela tenha sentido algo como "Hoje Marta não me recebeu bem".

Oopss! Hoje Marta está no lugar da gata majestosa, e a analista está no lugar complementar, que é o da criança-em-Marta! Quando diz "não quero falar nisso", é menos por resistência, e mais algo como "fique quieta, estou numa boa, não me atrapalhe". Nossa colega vive na pele a dor narcísica de não ser bem recebida, de não ter espaço e de ter que se recolher à sua insignificância.

Ouvindo isso, nossa colega concorda prontamente. E acrescenta uma associação que complementa e confirma a leitura que estamos fazendo. No fim da sessão, Marta avisa que faltará na próxima porque vai passar uma semana em outra cidade com a família da mãe, "com quem me dou muito bem". O que chama a atenção da colega é que, ao contrário do que sempre faz, não pediu reposição. Mais um tranco! Ela não precisaria da sessão porque estaria em mais uma situação idílica, agora com a família da mãe. Ou seja, mais do mesmo: "estou plena e não preciso de você".

~

No encontro anterior, exploramos a linda historinha sobre a gata majestosa com a ajuda do conceito de retorno alucinatório do traumático. Neste segundo encontro, é o conceito de campo transferencial que nos ajuda a elaborar o elemento mais importante do material atual, que é a contratransferência.

Aqui cabe um esclarecimento. Tivemos notícias da contratransferência logo no início do primeiro encontro. A analista se dá conta do pouco investimento que faz nessa análise, e que já lhe aconteceu, mais de uma vez, esquecer dessa paciente. Ela até tenta falar disso com Marta, mas sua resposta não ajuda muito: "tudo bem, não tem problema". Não se irrita nem se queixa, talvez porque para ela a vida é assim, sempre foi assim. Essa contratransferência pode ser chamada "de base": acompanha essa análise de modo subterrâneo e silencioso desde o início.

Agora, porém, a contratransferência entra em crise, quer dizer, ela "grita". É o que nomeamos como "tranco": a analista sente claramente que *está sobrando*, que a paciente não precisa dela porque está numa boa. Ela acha que isso é novo, mas talvez não seja.

A analista nos contou várias vezes que ficou incomodada porque, depois da pandemia, a paciente não quis voltar ao presencial. Sabia que essa recusa poderia ter valor transferencial, no sentido de ser uma mensagem endereçada ao analista, mas como não conseguia traduzi-la numa interpretação, nem avaliar qual manejo poderia ser produtivo, ia levando. Agora sabemos que a recusa da paciente era, digamos, um "tranquinho". Hoje, com o "chega para lá" ostensivo, "não preciso de você, estou plena", a analista não pode mais negar o sofrimento narcísico que já estava presente, embora discreto. O incômodo, que era vago, entra em crise e o tranco aparece com força.

Por sua importância, retomo o processo de elaboração da contratransferência, lembrando que é o trabalho psíquico necessário para transformar barulho (é no corpo que a analista sente um vago "incômodo") em sentido. E em seguida, será necessário transformar esse sentido em interpretação e/ou manejo.

Como vimos, desde o fim da pandemia, Marta se recusou a ir ao consultório, apesar de morar perto. De repente, o sentido disso se impõe: ela *não se dispõe a fazer o esforço*, o investimento necessário, para sair de casa e caminhar por alguns quarteirões. Havia, é claro, a racionalização: é mais confortável fazer as sessões online. Porém, nossa colega não se contentava com essa explicação; intuía que era algo da ordem do inconsciente se manifestando dessa forma.

Ao mesmo tempo, a colega não se dava conta de que o enquadre imposto pela paciente lhe produzia sofrimento. Só hoje, em função de sua expectativa de que a paciente quisesse um reencontro presencial depois de tanto tempo, o incômodo (a dor narcísica) aumentou e ganhou um nome: "tranco". E foi esse nome que se precipitou num sentido para a sensação vaga que, até então, era percebida com a barriga (o barulho que toca o corpo do analista).

Com a elaboração da contratransferência, desenha-se um sentido para a transferência. Graças à dimensão agida da fala, a paciente convoca a analista a sentir na pele um pedaço traumático da sua própria história em busca de integração. O conceito necessário, aqui, é o de identificação projetiva (Klein, 1946/1991). A analista se identifica com algo que pertence ao mundo interno da paciente; ela se identifica ao projetado – no caso, a dor narcísica de "estar sobrando". Vejam como o campo transferencial é sustentado por identificações complementares: de um lado, a paciente identificada com o objeto pleno; de outro, a analista sofrendo porque "está sobrando".

Atenção: a frase seguinte contém *spoiler*. Acabamos por interpretar essa atitude como sendo uma mensagem agida: "não quero fazer nenhum esforço para estar com você; vou investir o mínimo nessa análise: só online e, mesmo assim, sem vídeo; vire-se para me analisar com este mínimo".

M – PAUSA PARA FALAR UM POUCO SOBRE TRANSFERÊNCIA.

Em geral, esse conceito é visto como sinônimo de "relação com o analista". Dá a impressão de que o paciente faz tudo sozinho: ama o analista, odeia o analista, se sente perseguido por ele etc. Essa maneira de pensar não leva em conta que a situação analítica é intersubjetiva. É uma relação entre dois sujeitos, na qual o que um diz afeta o outro, e vice-versa.

Por isso, prefiro falar em campo transferencial-contratransferencial. É como no teatro. Imaginem um diálogo: a cena envolve necessariamente dois personagens. Eles interagem entre si, dizem e fazem coisas um com o outro. Os dois personagens não estão "falando sobre" quem são; eles *estão sendo* quem são. Na cena, o que temos são duas *identificações complementares em ato*. São elas que sustentam esse campo transferencial-contratransferencial.

M – QUEM SÃO, E COMO INTERAGEM, OS PERSONAGENS DESSA CENA?

Na nossa hipótese:

1. *A analista se ressente porque tem que se virar com o mínimo:* ela só tem a voz da paciente *para manter essa análise funcionando.*

Sua experiência subjetiva sugere que ela está identificada com – ela está sendo – a criança que sente que a mãe investe o mínimo possível em sua filha.

2. *De forma complementar, Marta sinaliza para a analista que não se dispõe a fazer o esforço de ir presencialmente. Ela está identificada com – ela está sendo – o aspecto da figura materna que investe o mínimo na criança. Não se dispõe a investir mais tempo, por exemplo, para brincar com ela.*

Essas posições no campo transferencial são intercambiáveis e complementares. A analista tinha certa consciência de que investia o mínimo na análise de Marta. Contudo, não se dava conta de que, a partir de certo momento, Marta também passara a investir o mínimo em sua análise. Atenção! "Investir o mínimo" é a repetição/atualização transferencial do que está em demanda de simbolização no seio de uma análise muito investida enquanto processo. Parece contraditório, mas não é. Marta precisa transferir uma configuração traumática específica na qual, a partir de certo momento (quando a mãe se apaixonou e se casou com "O Cara"), passou a ser investida com o mínimo. Hoje, o campo transferencial ficou mais evidente.

~

Chamo a atenção do grupo para um equívoco frequente. Seria tentador interpretar os trancos (dolorosos e desagradáveis) que a analista sentiu como *ataque* a ela ou ao trabalho analítico. Mesmo que fosse, qual seria o contexto, a motivação ou a função desse ataque? Não basta dizer que é um ataque: é preciso acrescentar qual seria o sentido daquele ataque: "quem" estaria atacando "quem", e para quê? Em suma: qual seria a cena transferencial na qual esse comportamento faria sentido?

No meu entendimento, apesar de doloroso para o narcisismo da analista, o tranco não é um ataque, mas sim uma mensagem agida à espera de ganhar representação simbólica pela via da interpretação. Faço um paralelo com a análise de crianças. Ela pode atribuir os papéis na cena transferencial de forma consciente ("eu era a mamãe, e você, a filhinha"). Contudo, frequentemente a atribuição de papéis é inconsciente. Cabe ao analista reconhecer, pelas atitudes da criança e pela contratransferência, qual é a cena e quais são os papéis. Mesmo quando a criança tortura o analista, precisamos reconhecer as identificações inconscientes que compõem a cena, e qual é o sentido da tortura.

Alguém no grupo lembra que o conceito de identificação projetiva tem uma dimensão de comunicação. Bem lembrado. Pois, se do ponto de vista da analista ela poderia se sentir atacada pelo tranco, do ponto de vista da criança-no-adulto seria desejável traduzi-lo como: "estou tentando te comunicar uma coisa, vê se entende".

Nesse momento, associo com o Ateliê 2 – "O porco-espinho" do volume 3 (Minerbo, 2024b). A analista se sentia atacada porque levava vários trancos. Foi necessário sair da leitura daquilo como um ataque para entender que, do ponto de vista da criança-no-adulto, era uma defesa: "tenho medo de que você chegue perto de mim e me machuque; uso meus espinhos contra você para me defender, e não para te atacar; sei que isso te machuca, mas foi a melhor solução que encontrei para sobreviver no vínculo com meu objeto".

Voltando à Marta. Não teríamos como reconhecer o campo transferencial: 1) sem o contexto dado pela interpretação da historinha sobre a "gata narcísica" da sessão anterior (a gata não precisa do seu amor, ela já está plena, a criança-em-Marta está sobrando); e 2) sem a interpretação do enquadre imposto pela paciente à sua analista ("vou investir o mínimo: você vai ter que me analisar online, só com a minha voz, só uma vez por semana").

Temos aqui os dois *fronts* do trabalho do analista: 1) com a transferência sobre as historinhas; e 2) com a transferência sobre o objeto. No fundo, é a mesma configuração traumática se apresentando em sua dupla face (como um casaco dupla-face, que pode ser usado dos dois lados). No primeiro *front*, criam-se representações para a situação traumática percebida, registrada, mas não representada. No segundo *front*, ao reconhecer as identificações que estão sendo agidas no campo transferencial, encaminha-se o trabalho de desidentificação, ou de desconstrução das identificações. É nesse *front* que o paciente pode se "libertar" da repetição. Ele pode abandonar a posição em que continua, até hoje, demandando provas de amor (de investimento amoroso) do seu objeto (aqui, a gata e a própria mãe).

Uma observação interessante. Depois de ouvir tudo isso, nossa colega conta que aguentou os trancos porque os interpretou como "que bom que Marta está podendo me contestar", mostrando que percebia a submissão anterior. Agora fica claro que, nessa sessão, Marta não estava contestando a analista. Inconscientemente, *estava sendo* a figura materna que diz à criança "não me atrapalha". A paciente vai *agir* tal identificação até que a situação traumática – a exclusão primária – seja suficientemente elaborada. A analista pode até aguentar a exclusão por interpretá-la como um "progresso", mas em algum momento será preciso fazer mais: será preciso interpretar essa exclusão para a paciente.

Nesse meio tempo, enquanto preparamos o terreno, aguardando um *timing* propício, é importante ir criando um léxico extraído do próprio material clínico. Um léxico que possa ser usado pela paciente para dar sentido à sua experiência. Dois significantes iluminam muito bem esse campo transferencial: "estar plena/estar sobrando" e "investir o mínimo". Não custa repetir que são facetas do mesmo traumático: a mãe investe o mínimo na criança porque está plena com outra coisa.

M – O QUE PODERÍAMOS DIZER A MARTA NA SESSÃO EM QUE ELA DIZ QUE NÃO QUER IR PORQUE ESTÁ NA CAMA QUENTINHA COM A GATA?

Essa é uma situação em que analista e paciente estão frente a frente, como no teatro. A fala do paciente afeta o corpo do analista. Há uma cena rolando. Interpretar a transferência significa, aqui, traduzir a cena em palavras. Vejam como é complexo: estamos fazendo parte da peça, somos um dos personagens. E, ao mesmo tempo, somos observadores, estamos assistindo à peça para converter a ação em roteiro. O importante é fazer isso "do interior" do campo transferencial e a partir do lugar que Marta nos atribuiu: o da "criança que está sobrando".

Considerando tudo isso, uma intervenção possível seria "Estou vendo que hoje estou sobrando; você e sua gata estão no maior *love*, você nem precisa da sua sessão!".

Idealmente, uma intervençao nessa linha poderia mobilizar novas associações, pois o nosso objetivo é manter o processo "ativo", trazendo mais e mais elementos para elaborar o que está em demanda de elaboração. Se tivermos sorte, ela poderia dizer "minha mãe era apaixonada pelo meu padrasto, eu ficava sobrando". E nós acrescentaríamos: "e você precisou se virar com o mínimo". Ela ficaria emocionada.

~

Dúvidas? Sim, muitas. Que bom!

Alguém no ateliê lembra que, no material que examinamos, Marta diz que ela e a mãe se dão muito bem, vão a brechós, compram a coleção de xicrinhas. Ela não está sobrando.

É verdade. Diante da cena idílica que ela constrói com essa narrativa, quem está sobrando é a analista. Para que analista (para que sair de casa e ir até o consultório que é do lado), se ela tem essa mãe maravilhosa? Ao mesmo tempo, ela diz que a mãe nunca podia buscá-la na escola. Esse material nos apresenta uma situação de paixão amorosa correspondida, e outra de paixão não correspondida ("não fazia esforço nenhum para me buscar na escola, não fazia questão de me encontrar presencialmente"). Onde está a dor/ódio pela ferida narcísica da paixão não correspondida? Foi clivado. Sumiu. É esse aspecto da relação com a mãe que volta "do além", alucinatoriamente, na relação difícil com Tatá. Vimos isso no primeiro encontro.

Outra participante pergunta se a inversão das posições identificatórias (nessa sessão, é a analista que está no lugar da criança que sobra) representa um avanço nessa análise. Não sei se eu usaria o termo "avanço", mas certamente há movimento. Com a figura de Tatá, abriu-se uma brecha no sistema, até então cristalizado, da idealização da mãe. No material, é inegável que a gata-mãe é maravilhosa, mas há uma novidade: a gata "não a recebeu bem". Há um ressentimento que até então não tinha aparecido.

Para avançar, precisamos de dois conceitos, um de Winnicott e outro de Green.

Winnicott (1963/1994) afirma que muitas vezes o sujeito vive angustiado, temendo que lhe aconteça uma catástrofe no futuro, quando na verdade a catástrofe já lhe aconteceu no passado. Com base nessa ideia, Marta antecipa uma tragédia que, na verdade, já aconteceu. O traumático não representado, ligado ao vínculo primário com a mãe, retorna de forma alucinatória como pavor de perder a mãe no futuro. Na verdade, ela já viveu o pesadelo de perder a mãe e tem pavor que se repita, como se ela ainda tivesse dois anos de idade. Gato escaldado tem medo de água fria.

Com a ideia de "mãe morta", Green (1980/1988) descreve a tragédia da criança subitamente desinvestida por uma mãe que atravessa um luto qualquer. Essa criança "perde" a mãe, perde o investimento, "cai" do seu psiquismo. Na verdade, a criança pode ser desinvestida em situações diferentes. O luto da mãe é apenas um caso – é um caso agudo –, mas há desinvestimentos de outra ordem. Por exemplo, quando a mãe está abduzida por suas próprias angústias – alguém gravemente doente, falta de dinheiro etc. No caso de Marta, ela "perde a mãe" e passa a receber o mínimo porque ela passou a investir o casamento com a "sumidade".

Atenção: não estou me baseando na história de vida que Marta relatou. Estou me baseando na transferência sobre as historinhas e no que pudemos entender que se repete nesse campo transferencial-contratransferencial. Assim, quando diz que tem pavor de perder a mãe "que é tudo para ela", faz todo sentido, contanto que usemos as duas ferramentas conceituais que mencionei. Nosso trabalho é tentar dar nome ao traumático que está em busca de elaboração: a exclusão primária pelo súbito desinvestimento.

~

Mais uma questão surge no ateliê. Outra participante pergunta se essa nova configuração transferencial também é uma experiência alucinatória, do tipo que vimos com o material da gata majestosa. A pergunta é excelente, e a resposta é *não*.

Agora, não estamos no terreno do alucinatório; a transferência não se dá sobre as historinhas; analista e paciente não estão lado a lado, olhando juntas para a historinha enquanto representação. Ao contrário: estão frente a frente, como no teatro. Devo essa distinção a Danon-Boyleau (International Psychoanalytical Association, 2021). Nesse segundo caso, a transferência convoca a contratransferência: o analista é convocado a ser/fazer/dizer/sentir algo que corresponde a uma cena inconsciente entre a criança e uma figura parental. Essa ideia ajuda a entender a dupla transferência de Green

(1984): sobre a linguagem (analista e paciente lado a lado) e sobre o objeto (frente a frente).

Do meu lado, acrescento que a primeira tem a ver com material não subjetivado inscrito no Isso. A segunda tem a ver com identificações com a sombra do objeto que constituem o Supereu. Vale a pena retomar brevemente o que escrevi no Capítulo 2 do volume 1 da série (Minerbo, 2024a). O processo de subjetivação, interrompido pelo traumático, envolve os dois *fronts* interligados. Envolve o trabalho de subjetivação das duas tópicas do segundo modelo do aparelho psíquico, Isso e Supereu:

1. Isso: nesse *front*, o trabalho é tentar elaborar e integrar material clivado, que está registrado no Isso, a partir do retorno alucinatório do traumático. Esse material aparece nas historinhas. Nesse caso, a historinha sobre a gata que não recebeu Marta bem. Tatá se torna mal-assombrada porque está revestida por elementos beta, que são os elementos perceptivos, sensoriais e afetivos em estado bruto ligados ao traumático. Qual é o traumático? A condição que batizei de exclusão primária no primeiro encontro.
2. Supereu: nesse segundo *front*, o trabalho é encaminhar o processo de desconstrução das identificações com a sombra do objeto. A partir de sua contratransferência (os trancos), a analista reconhece que sofre porque está sobrando. Depois, reconhece que, alternadamente, tanto ela quanto a paciente estão "investindo o mínimo", o que também é motivo de sofrimento para ambas.

Repetindo: as duas expressões ("estar sobrando" e "investir o mínimo") indicam que estamos no terreno das identificações *agidas*.

O nó traumático que mantém a criança-em-Marta enroscada no seu objeto aparece com clareza. Vamos precisar combinar manejo com interpretação da transferência.

- Manejo: em vez de repetir o objeto (continuar sendo uma analista que investe o mínimo), a colega consegue se deslocar dessa posição fazendo um investimento maciço na criança-em--Marta. Nas suas palavras, ela lhe oferece o "lugar de honra no ateliê". Ela foi brilhante, mesmo sem entender tudo o que estamos vendo aqui. O manejo serve para dar uma boa chacoalhada no campo transferencial que estava cristalizado. Espera-se que isso coloque em movimento novas associações, permitindo novas interpretações.
- Interpretação: intervenções que deem palavras a algo que está no ar, que diz respeito à relação entre paciente e analista, mas que até agora não foi nomeado. Há um elefante na sala e é preciso falar dele. Refiro-me às vezes em que a analista esqueceu do horário da paciente. E a como a paciente impõe um enquadre mínimo que torna o processo penoso para ambas. Retomar o fato de que a paciente não quer retornar ao presencial é o início desse caminho.

Retomo o material em que Marta diz que a gata não a recebeu bem/os amigos do namorado não a receberam bem. Primeiro, vejam que ela toma isso como um fato, sem se dar conta de que é apenas uma interpretação do fato. Segundo: o que está implícito é que a gata/os amigos deveriam recebê-la bem. Por um lado, o mundo lhe deve. Por outro, ela continua esperando, ressentida, o que lhe é devido. Murro em ponta de faca. Ódio à realidade. Essa é a lógica do narcisismo primário, e indica que o luto pela perda do objeto Absoluto não pôde ser realizado (Minerbo, 2023).

Quando esse luto puder ser realizado, ela poderá interpretar a realidade de outra maneira. Em vez de "eles não me receberam bem", ela poderá reconhecer que "eles têm suas vidas, a gente se encontra quando dá". Vejam, essa transformação indica que ela passou a conceber o objeto como outro-sujeito – é o que a gente chama de separação sujeito-objeto. Por incrível que pareça, o objeto tem vida própria, não está nem aí para "me receber bem"! O objetivo da análise é justamente ajudá-la a mudar de posição subjetiva – mudar como ela lê a realidade e a si mesma.

Respondendo, então, à pergunta da colega. Sei que estou sendo repetitiva, mas essa ideia é tão importante que merece destaque.

Transferir sobre as historinhas envolvendo a gata é o que Green (1984) chama de "transferência sobre a linguagem" (sobre as representações). Esse tipo de material, que se refere a elementos inconscientes intrapsíquicos, é *qualitativamente diferente* de atribuir ao analista, inconscientemente, uma posição identificatória complementar à que o paciente está ocupando. Neste segundo caso, Green fala de transferência sobre o objeto. Estão em jogo identificações inconscientes sendo agidas no plano intersubjetivo.

E mais uma vez: o que venho chamando de "historinhas" são o suporte transferencial de material intrapsíquico, tal como o sonho, e pedem intervenções lado a lado, a quatro mãos. As identificações inconscientes são agidas na dimensão intersubjetiva da transferência, exigem elaboração da contratransferência, e pedem intervenções frente a frente. Usamos as orelhas para escutar e interpretar a dimensão intrapsíquica da transferência. Usamos a barriga para acessar e manejar a dimensão intersubjetiva da transferência. As duas dimensões da transferência se articulam e exigem, tanto interpretação, quanto manejo. Dependendo do material clínico, uma está mais em evidência do que a outra. O importante é que o trabalho se dê nesses dois *fronts*.

Nossa colega pergunta, com razão, o que fazer quando, finalmente, compreendemos qual é a configuração do campo transferencial. Não é nada evidente: como, afinal, transformar tudo o que estamos vendo neste ateliê em trabalho clínico produtivo?

Quando estamos diante do alucinatório (transferência sobre representações vividas como verdades incontestáveis), vamos tentar sonhar o pesadelo que se repete. Aqui entra a imaginação clínica do analista. Vamos tentar imaginar o que torna a relação com a gata um verdadeiro pesadelo. Por exemplo: "tudo o que você queria é que essa gata maravilhosa gostasse de você!". Ou então: "dá ódio sentir que o seu amor por ela não é correspondido!".

Já o trabalho com a transferência sobre a analista é diferente. Para avançar, é necessário elaborar a contratransferência. Reconhecer que o papel que lhe cabe na cena é o da criança desinvestida. E tentar nomear como é estar nessa posição. Algo como "hoje você está com tudo, não precisa de mais nada. Nem da sua sessão".

M – PERGUNTO À NOSSA COLEGA: O QUE MARTA DIRIA SE VOCÊ LHE DISSESSE ALGO NESSA LINHA? VIRIA MAIS UM TRANCO?

Nossa colega acha que não viria um tranco. Diria que, de fato, nesse momento, está se sentindo muito bem, porque está no Brasil e aqui ela tem tudo. Uma interpretação curta, que nomeie com precisão sua experiência subjetiva, tem boas chances de não ser rechaçada.

Primeiro, porque não estamos dizendo que ela está errada e, segundo, porque dá sentido ao vivido. O mais importante, contudo, é ver o que ela faz com nossa intervenção: se consegue usá-la para continuar associando.

Queremos ajudá-la a reconhecer que o aqui e agora da sessão tem a ver com o que acontece fora (o ódio da gata) e com sua história emocional (não ter tido espaço junto à mãe). Eventualmente, quando o momento for propício, será possível juntar a historinha (transferência sobre a linguagem), a transferência com a analista (com o objeto) e nossa reconstrução do que pode ter sido sua história emocional. "Talvez o mais doloroso não fosse o tanto que sua mãe trabalhava, mas sentir que ela não precisava de você".

Um parêntese. Uma leitura possível, mas a meu ver equivocada, seria a de que a criança-em-Marta tem inveja da gata/mãe idealizada que é tudo de bom: majestosa, maravilhosa, admirada, poderosa. Não me parece que ela queira ser essa gata, nem que a esteja atacando por inveja. O que ela quer é sentir que sua presença é necessária e que ela faz parte da vida da gata maravilhosa, justamente porque é maravilhosa. Ela não quer ser necessária e valorizada por uma gata feia e carente.

Em outros termos, Marta não está incomodada com a beleza da gata. Ao contrário, quanto mais maravilhosa, melhor, contanto que ela queira seu carinho. A criança pode tolerar bem a ausência da mãe, mas precisa sentir que a mãe voltou para casa morrendo de saudades e louca para brincar com ela.

Terceiro encontro

Como vocês sabem, o objetivo dos ateliês clínicos é propiciar a experiência intelectual e emocional de integração teórico-clínica. É raro vermos com tanta clareza os dois *fronts* do trabalho analítico.

No primeiro encontro, vimos a transferência sobre as representações, com nossa interpretação da historinha sobre a gata (o objeto está pleno e "eu estou sobrando"); no segundo encontro, vimos como a elaboração da contratransferência indica as posições identificatórias que constituem determinado campo transferencial ("dar o mínimo").

Com relação a esse segundo *front*: se o campo transferencial é sustentado por posições identificatórias complementares que se cristalizaram ao longo da história emocional do paciente, nós temos que tentar *desestabilizar* tal campo. Vamos dizer/fazer algo um pouco fora do *script* que perpetua a repetição sintomática.

Alguém no ateliê faz mais um excelente comentário. Embora seja necessário fazer intervenções que desestabilizem o campo transferencial, é importante permitir que a transferência – qualquer transferência – tenha espaço e tempo suficientes para se manifestar e se estabelecer plenamente nas sessões. Sem isso, não temos como reconhecer as identificações complementares que estão sendo agidas. É isso mesmo! Navegamos entre a necessidade de deixar que o campo transferencial se estabeleça e evitar que ele se cristalize ainda mais – vamos tentar desestabilizá-lo assim que possível.

~

Antes de trazer material novo, nossa colega quer retomar o momento da sessão em que sua paciente avisa que não virá na semana seguinte porque vai viajar para estar com a família da mãe, com quem se dá muito bem. Lembra ao grupo que o padrão dessa paciente é avisar com muita antecedência porque não quer perder sua sessão de jeito nenhum. Como ainda não estava claro que ela estava "sobrando", achou interessante que a paciente tivesse "outras coisas para fazer" além da análise. Sua intervenção foi algo na linha "que bom que vai ver sua família, se quiser, podemos ver outro horário".

A colega explica que sua intenção foi mostrar que reconhece o direito da paciente de ter outros "amores" além da análise. Imagina a paciente culpada por "abandoná-la" e tenta mitigar sua culpa. E quer saber o que eu acho dessa intervenção.

Em geral, nos ateliês, não me pronuncio sobre o trabalho do analista porque não é uma supervisão, muito menos em grupo. Meu objetivo é outro. Mas ok, vamos lá. Um analista não apoia, nem se contrapõe a nada da vida do paciente. Ele interpreta o *sentido* do que está escutando. Por isso, eu não diria "que bom que vai ver sua família" porque significa que eu aprovo o que ela está fazendo. Da mesma forma, eu não diria a uma mulher que voltou ao namorado violento "que pena que voltou a namorar esse traste".

Percebem o problema? Nós não estamos lá para aprovar ou criticar, nem para "ser legal", nem para ser uma mãe melhor do que a que o paciente teve. Ele nos paga para que, junto com ele, possamos dar sentido aos movimentos emocionais que determinam sua maneira de estar no mundo. É o sentido que permite a elaboração e a integração do que continua assombrando sua vida. É a integração que lhe permitirá conquistar a liberdade interna para que possa fazer com sua vida o que quiser.

Voltando ao material. A paciente avisa que vai faltar à sessão porque vai viajar. Só que faz isso de um jeito diferente, um jeito que chama a atenção da analista. Ela está *satisfeita* por perder a sessão e, dessa vez, não pede uma reposição. Pois bem. No conteúdo manifesto, é uma informação: "não virei na próxima sessão"; mas o *sentido* da comunicação está no jeito diferente e, para mim, tem a ver com "estou plena, não preciso de você".

De modo que, em vez de apoiar ou criticar sua decisão, eu interpretaria algo como "tô vendo que você tem outro compromisso no nosso horário". Essa intervenção não sai da minha cartola: seu pano de fundo é precisamente o pensamento clínico que pudemos desenvolver até agora. E seu objetivo é estimular novas associações em torno do nó traumático com o qual estamos trabalhando.

Não me entendam mal. Não estou querendo dizer que pacientes sempre têm que pedir reposições. Nem que a análise tem que ser a prioridade absoluta em suas vidas. Estou dizendo que, para *esta* paciente, a maneira de anunciar sua ausência chamou a atenção da analista, e isso é significativo porque é uma mudança de padrão. É mais um tranco na sequência dos que a analista sentiu durante essa sessão.

~

É preciso reconhecer que essa paciente colabora, a transferência está a pleno vapor, e o material é claríssimo. Do lado da analista, suas antenas captam direitinho os movimentos emocionais na clínica. A maior dificuldade é dar sentido ao que estamos escutando com as orelhas e captando com a barriga. E isso tem a ver com o que venho chamando de "dissociação teórico-clínica" (Minerbo, 2024a). A teoria não está sendo usada como ferramenta de trabalho, de modo que o material clínico, embora muito rico, permanece em estado bruto, na condição de elementos esparsos que não se organizam em um pensamento clínico mais ou menos coerente.

Vejam só quantos conceitos estamos usando para organizar a riqueza desse material clínico em um pensamento clínico coerente.

Precisamos do conceito de "mãe narcísica" (Green, 1980/1988). Esse conceito é essencial para enxergar em Tatá – a gata majestosa, verdadeira rainha da casa – o suporte transferencial desse aspecto da relação com a figura materna. Sem isso, não temos como entender a dor da criança que sente que não é o falo precioso da mãe.

Precisamos do conceito de "traumático", do que ficou sem representação (Freud, 1920/2010e). O medo de "perder a mãe" no futuro alude, alucinatoriamente, a uma perda que já ocorreu no passado (Winnicott, 1963/1994). Ela já foi excluída do psiquismo materno.

Precisamos do conceito de "clivagem da experiência traumática", e de seu corolário, o "retorno alucinatório do traumático", para entender que a gata está mal-assombrada por conta de uma transferência psicótica (Roussillon, 1999; 2002). "A gata não me recebeu bem, ela não quer o meu carinho".

Em geral, o suporte transferencial do aspecto complicado da relação com a mãe é uma sogra, uma madrasta ou uma chefe. Como existem sogras, madrastas e chefes péssimas, é fácil passar batido pela transferência, tomando-a apenas por uma realidade. Esse material é lindo porque não dá para passar batido quando a transferência se dá sobre uma gata. A estranheza nos obriga a pensar analiticamente: quem essa gata representa?

Precisamos da ideia de "dupla transferência" (Green, 1984), sobre a linguagem (as historinhas do primeiro encontro) e sobre o objeto (a analista, no segundo encontro). E da ideia de que, do ponto de vista da transferência sobre o objeto, a analista pode ocupar qualquer uma das identificações: com a figura parental que dá o mínimo, ou com a criança que recebe o mínimo.

Precisamos saber que "elaborar a contratransferência" é realizar o trabalho psíquico necessário para que o barulho que toca o corpo do analista seja transformado em sentido (Sociedade de Psicanálise de Brasília, 2022). Nesse caso, há um barulho inicial vivido como um "incômodo" vago; aos poucos ele vai ganhando o sentido de um sofrimento narcísico ligado a dar/receber o mínimo.

~

M – E O QUE TEMOS DE NOVO PARA ESTE TERCEIRO ENCONTRO?

Nossa colega traz material da sessão seguinte àquela em que Marta não veio porque foi visitar sua família em outra cidade.

> *Estou cansada. Ontem de noite saí com minhas amigas. Era para ser legal, mas não me senti bem. Sei lá, estou no Brasil, mas me sentindo sozinha. As pessoas têm suas vidas, seus trabalhos. Não estou encontrando as amigas tanto quanto gostaria. Nem minha mãe. Vou encontrar elas só uma ou duas vezes antes de ir embora.*

Quando Marta diz que "está sozinha, mesmo estando no Brasil", o que será que esperava? Talvez imaginasse encontrar as pessoas todos os dias. Esperava que as amigas estendessem um tapete vermelho, ou fizessem fila para estar com ela. Ela seria o centro das atenções. O problema dessa leitura é que nos levaria a uma intervenção superegoica do tipo "querida, você não é o centro do mundo, você tem que fazer o luto desse desejo infantil". Estou fazendo uma caricatura, evidentemente. Entretanto, com base em tudo o que estamos entendendo, podemos fazer outra leitura desse material.

Lembram dos encontros anteriores, em que Marta diz "a gata não me recebeu bem" e "os amigos do namorado não me receberam bem"? Aqui é a mesma coisa. Minhas amigas do Brasil não me receberam bem. Não me priorizaram. Se Marta fosse festejada todos os dias, sentiria que as pessoas se esforçaram para estar com ela, o que significa que ela é importante para as amigas. Não é o que está acontecendo. Ela se sente sozinha porque "as pessoas têm suas vidas". As pessoas estão encaixando Marta em suas agendas quando dá. Na sua leitura, as *amigas estão lhe dando o mínimo*!

Com base no pensamento clínico sendo elaborado, nossa colega intervém com precisão. "Nem sempre você está plena, como na última sessão; hoje você sente que está sobrando". Marta concorda e continua, ou seja, traz novas associações que têm a ver com o nó traumático que está sendo trabalhado.

> *O Filippo (namorado italiano) vem para cá. Eu estava em dúvida se eu queria ele aqui, achava que ele ia atrapalhar minha vida social. Mas agora acho que vai ser bom. Vou viajar com ele. Vamos para vários lugares lindos.*

Ela imaginava que, vindo ao Brasil, seria festejada todos os dias, se sentiria plena e, nesse contexto, não precisaria do namorado, que ficaria sobrando. Como isso não aconteceu, o plano B é viajar com o namorado. E então ela se lembra de Tatá. Diz que deve estar muito feliz "com a casa toda para ela". Enfim, variações sobre o mesmo tema.

Em seguida vem mais uma historinha:

> *Algumas amigas se queixaram de terem ficado de fora dos encontros comigo. A vida inteira era eu que organizava tudo e juntava todo mundo. Eu me arriscava. Chamava um monte de gente em casa e, se só vinham cinco pessoas, paciência. E depois era eu que arrumava toda a bagunça. Eu me irritei muito com a queixa delas: quem está se sentindo de fora, se mexe e entra. Não sou eu que tenho que fazer isso.*

Vejam: para não correr o risco de sobrar, e para garantir um lugar de importância entre as amigas, ela corria atrás e organizava tudo em sua casa, que era o *point* da turma. Quem quisesse, aparecia. Fazia um investimento enorme nas amigas, *dava o máximo*! Agora não é mais assim.

M – MAS POR QUE SE IRRITOU TANTO COM AS QUEIXAS DE ALGUMAS AMIGAS?

Uma primeira leitura possível: as amigas são o avatar da criança-‑em-Marta. Estão dando palavras à experiência de dor e raiva por "cair do psiquismo" do objeto, agora que ele está pleno (tem namorado e mora na Itália). Elas estão se queixando de não estarem sendo suficientemente investidas, de estarem recebendo o mínimo. Já ela, identificada com a figura materna plena, se irrita com a criança carente que fica puxando a barra da saia da mãe, querendo atenção.

Há também outra leitura, que não exclui a anterior. Marta se irrita porque interpreta a queixa das amigas como se *elas* estivessem querendo ser paparicadas, como na época em que organizava os encontros e sua casa era o *point* da turma. Está indignada porque as amigas estão querendo ser tratadas como "Sua Majestade, o Bebê", quando elas é que deveriam estar fazendo isso com Marta! Está no Brasil por pouco tempo, ela é que teria de ser paparicada pelas amigas todos os dias, em vez de ser encaixada nas suas agendas quando fosse possível!

Quando usei o termo "paparicada", senti necessidade de retomar a diferença entre as exclusões primária e secundária que vimos no primeiro encontro. Precisamos saber "com quem" estamos falando para que nossas intervenções façam sentido e sejam produtivas.

A exclusão secundária – edipiana – é necessária e constitutiva. Quando bem-sucedida, a travessia do Édipo permite à criança aceitar emocionalmente que não é o único objeto de amor da mãe; ela integra o terceiro elemento do triângulo, bem como a exclusão edipiana. Pode até reclamar, mas aceita que nem sempre será "paparicada".

A exclusão primária – narcísica – é traumática porque a constituição de um bom narcisismo de base depende de um investimento libidinal maciço por parte da mãe. A criança precisa poder viver, durante algum tempo, a ilusão de ser a coisa mais importante da vida da mãe. Percebe-se que aqui não cabe o termo "paparicada", já que estamos falando de uma necessidade emocional básica do Eu.

Idealmente, mesmo quando a mãe está com o terceiro, a criança não está excluída do seu psiquismo. Volta para casa morrendo de saudades querendo curtir sua companhia. Com Marta, contudo, não parece ter sido esse o caso. Tudo indica que o nó traumático que a assombra é a exclusão primária.

Por isso, uma interpretação na linha de "é difícil aceitar que suas amigas têm suas vidas" não faria sentido. Seria o que Freud chamou de "interpretação selvagem" porque ignora "com *quem* o analista está falando", isto é, qual é o funcionamento psíquico de quem está na nossa frente. Se o traumático a impediu de fazer o luto do narcisismo primário (Minerbo, 2023), que sentido teria "interpretar" que ela precisa fazer esse luto? Em vez de continuar associando, ela pararia e diria à analista: "é verdade, mas como eu faço para sair disso?"

Já uma intervenção como "você esperava que elas estivessem morrendo de saudades, como você" nos aproxima mais da experiência subjetiva da criança-em-Marta. Essa interpretação tem mais chances de ser produtiva, isto é, de facilitar o processo associativo em direção à elaboração do traumático.

Resumindo: a exclusão primária (do psiquismo materno) é dolorosa e traumática, enquanto a secundária (da triangulação edipiana) é dolorosa, mas necessária e estruturante. É difícil imaginar que a exclusão secundária possa ser integrada caso o sujeito tenha sofrido uma exclusão primária.

~

Uma colega traz uma questão que aparece em todos os ateliês e sempre merece uma longa conversa. Será que Marta não estaria distorcendo a realidade quando se queixa de como está sendo recebida pelas amigas no Brasil?

Pausa, então, para falar sobre escuta analítica.

Para afirmar que ela está distorcendo a realidade, teríamos de estar de corpo presente na situação descrita. Além disso, teríamos de nos colocar no lugar de juízes, como o árbitro de futebol. Estando presentes em campo, e de posse de algum parâmetro objetivo (entrou no gol, não entrou no gol), poderíamos julgar se foi bem recebida ou não pelas amigas.

O problema é que 1) estamos as duas numa sala de análise; e 2) o suposto "parâmetro objetivo" seria totalmente subjetivo: "eu, analista, acho/não acho que ela está distorcendo a realidade".

Além de autoritária, essa postura indicaria um desconhecimento sobre o que a escuta analítica tenta escutar. A escuta analítica não nega de forma alguma a realidade, mas não tem como se pronunciar sobre ela. Simplesmente não é o objeto do nosso método. Parece complicado, mas não é.

Um exemplo. Um paciente se queixa amargamente que o copo (da sua vida) está meio vazio. Imaginem um analista dizer "não é verdade, veja quantas coisas você tem, você está distorcendo". Ou ao contrário: "tem razão, teu copo está meio vazio, que chato!". Para nós, o que importa é que é assim que ele enxerga: o copo está meio vazio. É assim que ele sente e nos descreve sua vida. Ou seja, o objeto da escuta analítica é o discurso do paciente, isto é, as *representações da realidade* que ele traz.

E isso por um bom motivo: o modo como o paciente enxerga a realidade expressa, de alguma maneira, seu mundo interno e o nó traumático em busca de simbolização. Nosso objetivo não é encher seu copo, como ele talvez desejasse; isto é, não é mudar a suposta realidade (já que "copo vazio" é uma representação da realidade), mas sim ajudá-lo a mudar de posição subjetiva para enxergar as coisas de outra maneira.

Repetindo: *qualquer historinha* traz a realidade tal como o paciente a vê a partir de seu mundo interno, contanto, é claro, que saibamos interpretá-la. E é isso que nos interessa, porque indica a posição subjetiva na qual ele está atolado, da qual não consegue sair (motivo pelo qual procurou análise).

De modo que, para não cair na tentação de julgar se o paciente está distorcendo ou não a realidade, e para lembrar que estamos lá para construir junto com o paciente algum sentido, o truque é escutar tudo como se fosse um sonho – ou um pesadelo quando a angústia indica terreno traumático. Essa estratégia funciona porque, se o paciente nos conta um pesadelo ("eu estava sendo perseguida por uma gata que era um dragão"), ninguém vai dizer que dragões não existem. Vamos escutar "estou aterrorizada".

- "Tive um pesadelo. Eu voltava para o Brasil e minhas amigas não se lembravam de quem eu era. Ficava desesperada porque eu não pertencia mais a lugar nenhum".
- "Tive um pesadelo. Eu entrava no apartamento do meu namorado e a gata tinha jogado todas as minhas coisas para fora da casa. Ficava desesperada porque não tinha para onde ir".
- "Tive um pesadelo. Minha mãe ia trabalhar e passava semanas sem voltar para casa; eu tentava gritar 'mãe, você tem uma filha!', mas minha voz não saía. Acordei desesperada".

Outra maneira de pensar é usando o conceito de "percepção alucinatória", proposta por Roussillon com base no conceito de "criado-achado" de Winnicott. Falamos disso no primeiro encontro, mas é sempre bom retomar. Vejam só.

A gata é um bicho narcísico com um olhar penetrante. É uma *percepção*, é inegável, está lá na realidade. Porém, quando Marta tem certeza de que aquele olhar significa que a gata a odeia, é uma *alucinação* – uma criação psíquica. A gata que odeia Marta é um objeto criado-achado – no caso, o exato oposto do adorado ursinho de pelúcia.

O grupo de amigas de fato não a festejou todos os dias, é uma percepção, uma realidade; mas quando ela enxerga aí a prova de que não é importante, isto é, o sentido que atribui ao que percebe, é da ordem do alucinatório. Em outros termos, nossa escuta é dupla, e as historinhas têm esse estatuto paradoxal: o paciente está falando de sua vida atual e, ao mesmo tempo, trazendo algo do passado em demanda de simbolização.

Aliás, é exatamente a posição paradoxal do analista. Ele também é um objeto criado-achado: ele existe na realidade com suas características próprias e, ao mesmo tempo, é criado pela transferência que atualiza o material inconsciente que está em demanda de simbolização. Nossa escuta privilegia como o paciente vê o analista, e não quem o analista é (seja lá o que isso for).

O importante, do ponto de vista da escuta analítica, é lembrar que tudo o que o paciente diz contém, potencialmente, material ligado ao traumático em busca de simbolização e de integração. Tudo pode ser entendido como transferência de material inconsciente sobre a linguagem (sobre as representações). Não negamos a realidade, mas quando entendemos qual é o objeto da escuta analítica, saímos do dilema "isso que o paciente diz é assim mesmo, ou ele está distorcendo?". Mesmo quando falamos em alucinação, o material é fiel à realidade psíquica, que é o que nos interessa.

O objetivo da análise de um núcleo psicótico, como esse que se atualiza na análise de Marta, é ajudar o paciente a sonhar seu pesadelo, isto é, a transformar uma representação de caráter alucinatório em representação simbólica. Em algum momento, talvez Marta consiga dizer: "minhas amigas me receberam tão bem quanto podiam, considerando que elas ralam muito para pagar as contas". Ou então: "os gatos italianos não são tão carinhosos quanto os brasileiros".

O que será que nos reserva nosso quarto e último encontro?

Quarto encontro

No encontro anterior, falamos bastante sobre escuta analítica. As historinhas trazem elementos que precisam ser escutados como realidade externa e interna ao mesmo tempo. Como percepção alucinatória. Esquecer disso é correr o risco de se pronunciar sobre a vida do paciente, em vez de trabalhar no sentido da elaboração dos aspectos do traumático que continuam a assombrar sua vida.

Nessa altura, um participante pergunta o que fazer quando a realidade externa se impõe com força. Por exemplo, uma mulher ou uma criança que chegam com sinais evidentes de maus-tratos e espancamentos. Ainda assim tentaremos fazer essa escuta dupla, em que a realidade externa funciona como suporte transferencial de uma realidade psíquica?

A pergunta é fundamental e merece toda a nossa atenção.

É claro que a realidade existe e tem que ser tomada em consideração. O analista não pode tudo, nem precisa trabalhar sozinho. Quando achamos que um paciente está deprimido, encaminhamos a um psiquiatra. Se um paciente está doente, ou se é dependente químico, temos que encaminhá-lo a um médico ou a grupos que trabalham com dependência. Da mesma forma, temos que endereçar uma situação de violência física evidente às instituições competentes. Seria uma onipotência absurda tentar resolver tudo analiticamente.

Ainda mais complicadas são as situações em que o paciente relata situações em que é vítima de racismo ou de homofobia. Racismo e homofobia existem. Contudo, é importante termos clareza de que o recorte sociológico é diferente do psicanalítico. Claro que pontes e articulações podem e devem ser feitas. É fundamental reconhecer como esse tipo de violência afeta a constituição da subjetividade. Contudo, quando temos um sujeito no divã, nosso trabalho é escutar analiticamente. Queremos ajudá-lo a reconhecer que destino ele pôde, ou não pôde dar, ao que encontrou na cultura em que foi subjetivado.

Voltando a um parceiro descrito como abusivo. Não vamos dizer à paciente que ela deveria terminar essa relação. Nem ao dependente químico que tem que largar a droga. Não vai adiantar nada. Ao contrário, é provável que abandone a análise. Nosso caminho é outro. Queremos ajudá-la a entender como foi parar na relação abusiva. Que dinâmica inconsciente, que nó com seu objeto primário, que sofrimento, tornou aquela situação necessária. E isso é, sim, da nossa alçada. Ainda que encaminhemos o dependente químico ao médico, a paciente espancada à delegacia, ainda que em alguns momentos a intervenção se dê nesse plano da realidade concreta, a dupla escuta precisa acontecer para que haja análise.

~

Nossa colega traz material clínico novo. É sobre Marcio, o ex-namorado de Marta. Faz um pequeno preâmbulo para introduzir esse novo personagem.

Antes de ir para a Itália, Marta viveu por dois anos com Marcio. Descrevia essa relação como abusiva. Ele morava em sua casa; ele a atacava e desqualificava sistematicamente; ela se submetia e pagava todas as contas. Dizia à analista que não se separava por medo de não encontrar outro parceiro, mas também porque, quando pensava em se separar, ele ficava desesperado e prometia mudar.

Pois bem. De volta ao Brasil, Marta faz contato com ele. Queria saber dele e contar as novidades. Imaginava que, dois anos depois, as coisas estariam mais tranquilas entre eles.

> *A gente se encontrou num barzinho. Perguntei se ele estava trabalhando e namorando. Ele disse que não. Quando perguntou de mim e eu disse que estava namorando, ele começou a chorar, desesperado. Fiquei muda, apavorada, e não contei mais nada. Imagine se eu dissesse que eu estava morando na Itália, feliz com minha nova vida! Fiquei com medo de ele ficar violento, ou então de querer se matar. Me senti culpada por fazer ele sofrer.*

Antes de entrar na escuta desse material, comento que, embora Marcio ainda não tivesse aparecido, a cena descrita sim, já apareceu, só que com as posições identificatórias invertidas. E isso por um bom motivo: os pacientes não conseguem falar de qualquer coisa; eles falam sempre da mesma coisa. É sempre o nó traumático que se reapresenta no material clínico, pressionando o aparelho psíquico em busca de simbolização e de integração. É como a comida indigesta, que pressiona o aparelho digestivo em busca de digestão, e ficamos "lembrando" dela por horas.

Imaginem que o nó traumático seja um sólido multifacetado. Mesmo quando parece que o paciente mudou de assunto, escutando com cuidado vamos perceber que são apenas suas várias facetas.

Conforme a análise avança, o pensamento clínico aguça nossa escuta, que se torna sensível à repetição igual, mas ligeiramente diferente, do sólido multifacetado. De modo que, no "material novo", Marta fala de Marcio, mas continua nos apresentando seu próprio nó traumático, só que visto por outro ângulo. E isso vale para todos nós: nas nossas análises, falamos sempre do mesmo nó, do mesmo enrosco com nossos objetos em função de situações não elaboradas e não integradas.

Conforme a análise avança e o nó traumático vai sendo elaborado, surgem novas representações de si e do objeto. Cabe ao analista reconhecer e sustentar o brotinho de transformação e de mudança de posição subjetiva do paciente em relação ao seu objeto.

Voltando à historinha.

Marcio não está trabalhando nem namorando. O que podemos escutar aí? Um personagem que não tem vida própria. Talvez por isso continue enroscado em Marta. Para nós, é como a criança pequena, cujo mundo ainda gira em torno da mãe; é ela que pauta o ritmo de sua vidinha. Marcio se desespera porque, se Marta está namorando, ele não significa mais nada para ela. É parecido com a historinha sobre as amigas, que se queixam que Marta não está mais se esforçando para organizar os encontros como sempre fez e sentem que estão sobrando. Nas duas historinhas, é Marta que está na posição da mãe plena.

Se Marta se sente culpada e não conta mais nada de sua vida para Marcio, é porque se identifica com ele. Na nossa escuta, ele é um avatar da criança-desinvestida-nela, isto é, ele representa essa criança. Ele sofre por receber o mínimo. Na condição de ex-namorado, ele tem direito a um único encontro num barzinho por ocasião de sua passagem no Brasil.

Essa nova faceta do nó traumático mostra a relação entre o ódio impotente e a dor/ferida narcísica. A historinha com a gata já trazia o ódio, mas a dor da exclusão narcísica não aparecia com tanta clareza.

Vejam. Nós não estamos escutando apenas o encontro com um ex-namorado que, só agora ela está percebendo, é meio maluco. Por isso, não vamos questionar por que ela foi procurá-lo, ou por que se sente culpada. Para nós, essa historinha é perfeita para elaborar mais uma faceta do traumático. Ela nos dá a chance de conversar com a criança-em-Marta por meio do seu avatar. Essa forma de trabalhar, muito parecida com análise de crianças, tem a vantagem de não despertar as resistências que certamente surgiriam se tentássemos falar diretamente da relação entre ela e a mãe, que continua idealizada.

Ao saber que Marta se foi e já está em outra, Marcio (enquanto avatar da criança-em-Marta) se desespera, não consegue fazer o luto do objeto interno-externo. É exatamente o que diz Marta: não poderia viver sem sua mãe.

Marta não imaginava que Marcio continuasse ligado nela, nem que estivesse sofrendo por se sentir desinvestido. Vamos imaginar exercícios de intervenção em torno dessa historinha.

- *"Você nem conseguiu contar o resto. Parece que você se identificou com a dor dele".*
- *"Ele sofre porque sente que já não significa nada para você".*
- *"Quando você descreveu o desespero dele, me lembrei do seu desespero quando imagina que pode perder sua mãe".*

~

A colega que apresenta o caso pede um esclarecimento. Reconhece as posições identificatórias plena/sobrando, mas Marta nunca coloca a mãe no lugar da "plena que não precisa dela". Como entender isso?

Nós acreditamos mil vezes mais na transferência do que na descrição que os pacientes fazem do pai ou da mãe. A mãe arcaica, idealizada e odiada, bem como a criança que sofre e se ressente, aparecem em vários suportes transferenciais diferentes: ela e a gata; as amigas e ela; Marcio e ela. E se tudo isso não bastasse, temos o campo transferencial, em que, como vimos, a analista está "plena com seus outros pacientes", e não precisa dela. No entanto, como disse antes, precisamos reconhecer também material qualitativamente novo, fora da repetição. No segundo encontro, Marta disse à analista que teve um dia maravilhoso com sua mãe no brechó. A criança-em-Marta está feliz porque, finalmente, tem uma mãe que está com saudades da filha.

Um participante do ateliê pergunta se, quando falo da gata como representação de um aspecto odiado da mãe, estou querendo dizer que a gata é um *símbolo* da mãe arcaica. A pergunta é excelente.

Um símbolo é uma representação que está no lugar da coisa. É material de cunho onírico, que já passou por uma primeira transformação psíquica – já passou pela simbolização primária (Roussillon, 1999; Minerbo, 2016a). Na ausência do símbolo, o psiquismo ainda está às voltas com a própria coisa, isto é, com os traços mnésicos da experiência. É material em estado bruto, que não passou por qualquer tipo de elaboração. Ele se reapresenta para o psiquismo com intensidades afetivas extremas, e como representações de cunho alucinatório. É por isso que a situação se torna mal-assombrada.

Se a gata fosse um símbolo, Marta diria, até com um pouco de humor, "Tatá me olha de um jeito que até parece que ela me odeia". Mas a gata é a "coisa em si", é uma *reencarnação tal qual* do objeto/da situação traumática. Tanto que ela afirma "a gata me odeia e vou ter que ir embora do apartamento".

No primeiro caso, o material tem um cunho onírico. Podemos falar em representação simbólica. No segundo caso, o material tem qualidade de pesadelo, então falamos em alucinação, ou representação não simbólica. A gata "realmente" a odeia, tanto que ela tem pavor e ódio do bichano. Ela está paranoica, é um momento de funcionamento psicótico.

Para voltar à pergunta da colega, acho que, em se tratando da mãe arcaica, a representação é sempre não simbólica, pois é sempre uma figura absoluta, aterrorizante, mal-assombrada, de pesadelo.

E como ficaria o material sobre a conversa com ex-namorado? Sonho ou pesadelo? "Sonhei que encontrava meu ex-namorado no metrô. Quando contei a ele que estava namorando, ele se jogou debaixo dos trilhos. Fiquei tão horrorizada, e era tão real, que acordei com o coração saindo pela boca".

O pesadelo não traz representações que simbolizam a realização de um desejo. Ele coloca o sonhador em uma cena em que ele (re) vive uma situação traumática com toda a carga de realidade. É o que Freud (1920/2010e) chamou de "sonho de angústia". Foi isso que fez com que ele entendesse que havia outra lógica, além do princípio do prazer, que regia o funcionamento psíquico.

~

Material novo. Marta está péssima. Tinha que fazer um exame no laboratório e, com medo de se atrasar, pediu outro horário para a sessão. A analista propôs um, mas ela não podia. A paciente optou por antecipar o exame do laboratório porque não queria perder a sessão de jeito nenhum.

> *Fui para a cidade da minha família esperando reencontrar o aconchego de sempre, mas foi muito ruim. Minha*

avó está velhinha. Me veio uma lembrança muito forte. Era o som da campainha. Quando tocava, eu sabia que finalmente minha mãe tinha ido me buscar. Eu ficava lá todos os anos, durante as férias inteiras.

Percebi que não pertenço a nada. Não tenho meus amigos, nunca me senti tão triste. Vou voltar para a Itália, odeio aquela gata, lá também não é minha casa. A única pessoa que eu tenho é minha mãe. Me dá um desespero de perdê-la. Quando saí da casa dela, aluguei um apartamento a uma quadra de distância. Achei que ia conseguir ficar bem na Itália, mas quero que ela vá morar lá.

Marcio, meu ex-namorado, me escreveu um textão dizendo que não deseja minha felicidade, e que ficou muito mal quando eu lhe disse que estou bem. Eu sei que ele não aguenta. Mas é um absurdo ele se sentir assim, tão sem nada.

M – COMO PODEMOS ENTENDER ESSE MATERIAL?

Primeiro, vejam como é forte a sensação que Marta tem (e de Marcio, seu avatar) de não pertencer a nenhum lugar. Tem a ver com nossa hipótese de exclusão primária, isto é, com a sensação/percepção de estar desalojada, de não "habitar" o psiquismo materno.

Podemos escutar esse material também como indicação de que Marta não conta com a representação da mãe; não construiu o símbolo do objeto; não consegue se contentar, nem se sentir acompanhada, pela "simples" representação do objeto. Ou como se costuma dizer, não internalizou a mãe enquanto objeto bom. Por isso continua precisando da mãe enquanto objeto externo, presente na realidade externa (morar a uma quadra da casa da mãe; levar a mãe para a Itália; o alívio quando ouvia a campainha, sinal de que a mãe tinha voltado para buscá-la).

Agora que escrevo, gostaria de fazer uma pausa para discutir a ideia de "internalização do objeto bom".

Um problema dessa expressão é que corremos o risco de ficar numa visão antropomórfica do psiquismo: a "mãe boa fora" é transformada, não se sabe bem como, na "mãe boa dentro". É como se o objeto interno fosse uma cópia, um decalque, tal qual, do objeto externo. Podemos deduzir, erroneamente, que o analista tem que "ser a mãe boa", seja lá o que isso significa, até que seja internalizado. Esquecemos que a criança *internaliza a leitura que consegue fazer*, com os recursos psíquicos de que dispõe, do que percebe no vínculo intersubjetivo (a menos que não consiga fazer leitura alguma, o que é mais grave).

Um segundo problema é que a expressão "internalizar o objeto bom" não esclarece quais são as características do objeto que o tornam bom. E "bom" para quê? Eu diria que uma característica essencial do objeto bom é oferecer as condições para que a criança consiga *ativar* o *chip* da simbolização, que vem de fábrica. Esse *chip* começa a ser ativado assim que a criança nasce, quando a comunicação primitiva é bem-sucedida, quando o corpo da mãe e o corpo da criança "se entendem".

Um terceiro problema é que o objeto interno parece ser um "ente" que tem uma positividade, como se fosse um conteúdo psíquico entre outros. Podemos esquecer que o que chamamos de "objeto" é, na verdade, um conjunto de *funções psíquicas* exercidas pelo ambiente em que a criança é subjetivada. Além do psiquismo das várias figuras significativas, as instituições e a cultura fazem parte do que chamamos de objeto interno.

Ou seja, mesmo quando pensamos na mãe interna como símbolo do objeto, é fácil perder de vista que não internalizamos exatamente um objeto, mas uma *matriz*, um modo de processamento das experiências intrapsíquicas e intersubjetivas. Uma matriz é um vazio produtivo, não é um ente, não tem positividade. Essa é a ideia de "negativo" em Green. Nesse sentido, a noção de *estrutura enquadrante interna* (Green *apud* Urribarri, 2012) me parece mais precisa e mais abrangente. Fica mais fácil entender o que foi que faltou à Marta, quando diz que não pertence a lugar nenhum, isto é, que se sente solta no espaço.

Vou tentar explicar a ideia de estrutura enquadrante. O objeto "bom" é um pouco como o ar que respiramos. Ele não grita "estou aqui, sou o ar que você está respirando!". Ele simplesmente está lá, discretamente, sem cor e sem cheiro, garantindo a nossa sobrevivência. O ar se deixa respirar para que, respirando sem esforço, e respirando naturalmente, possamos fazer o resto, que é viver. Quando vai tudo bem, o ar se deixa ignorar por nós. Podemos ter a experiência que Green chamou de "alucinação negativa" ("não há nada aí"). O objeto precisa se deixar apagar para poder ser internalizado como estrutura enquadrante interna.

É o que a mãe de Marta não conseguiu fazer: ela não se deixou respirar com naturalidade; a criança pequena percebeu que existia uma coisa chamada ar. Em geral, isso acontece quando o ar *tem cheiro* (o objeto foi intrusivo), ou quando a criança sofre de *falta de ar* (o objeto foi ausente). No caso de Marta, nada indica uma angústia de intrusão, mas a de separação é avassaladora. O fato é que Marta não conseguiu respirar com a confiança de quem nem pensa nisso. Respirar, no caso, seria sentir que habita de maneira suficiente o psiquismo materno, enquanto sentir falta de ar é se sentir excessivamente desalojada – ou, como dizia Marta, sentir que não pertence a lugar nenhum. Vale lembrar que um tanto de cheiro e um tanto de falta de ar fazem parte da vida – se não for excessiva, é a angústia que nos leva a fazer trabalho psíquico, o que é essencial para o desenvolvimento.

Resultado: o objeto que deveria ter sido negativado, propiciando a instalação da estrutura enquadrante, continua sendo concretamente necessário. É por isso que não pode ser perdido, nem substituído por outros: o luto é impossível. Vejam Marcio, que há dois anos continua na mesma. Ele presentifica uma faceta do nó traumático de Marta: a falta de ar. Quem consegue viver assim?

~

Vamos tentar imaginar caminhos para trabalhar com o nó traumático. Uma primeira ideia é começar com Marcio. Vamos puxar uns fiapos a partir da historinha em que ele aparece como personagem para ver o que mais vem. Poderíamos dizer a Marta algo como: "Ele pensa que, se tivesse você, teria tudo. Como você com sua mãe".

Pergunto à nossa colega o que Marta faria com isso. Ficaria emocionada, mas não seria novo, já sabe essas coisas. Inclusive, recentemente disse que tem um namorado bacana, mora num lugar bacana, mas se sente infeliz porque não tem sua mãe. Ou seja, sabe que o problema é "interno" e que não adiantou tentar resolvê-lo "de fora para dentro" (namorar, mudar de país).

Pensamos em outras abordagens, mas a colega já havia tentado várias delas: a idealização da figura materna, a dependência absoluta, o ódio ligado a essa dependência (passar as férias esperando ouvir a campainha). Em certo momento, Marta diz que tem medo de ficar louca. Marcio, seu avatar, já está louco. Surtou quando ela disse que estava namorando. Ela está surtando com a gata.

O que mais poderíamos propor? Talvez fosse produtivo se a colega usasse diretamente a *construção* (Freud, 1937/2018b) que fomos fazendo ao longo deste ateliê: "você não corre o risco de perder sua mãe; você já perdeu sua mãe há muito tempo".

Imagino que ela ficaria surpresa com essa inversão. Seria uma abertura para começar a abordar *diretamente* a dor de ter ficado órfã aos dois anos. Seria importante complementar com outra interpretação disruptiva: "Talvez você esteja reconhecendo, no olhar da gata ("o que você está fazendo aqui?"), algo que percebia no olhar da sua mãe".

Por mais dura que seja, a verdade é sempre um alívio porque ajuda a dar sentido ao que continua assombrando o paciente. Aproximar essas duas figuras, gata e mãe, pode abrir caminhos importantes para a elaboração do traumático. Além disso, em outro plano – no plano da transferência com a analista – uma interpretação como essa, se fizer sentido, será vivida também como "essa daí me entendeu". O *chip* de um objeto conectado, sintônico e empático começa a ser instalado quando a comunicação emocional profunda com a analista é bem-sucedida.

Por fim, há mais um caminho, que talvez ainda não tenha sido suficientemente explorado. Na minha experiência, quando o caminho do trabalho com as historinhas se esgota, é porque está na hora de trabalhar diretamente a transferência com o analista, que sempre está lá, com frequência invisível, subterrânea.

Acho que o começo dessa sessão permite acessar o campo transferencial. Marta tinha hora marcada para fazer um exame no laboratório; na impossibilidade de conseguirem outro horário em comum, Marta antecipou aquele compromisso porque não queria perder a sessão de jeito nenhum. Aqui, a analista está no lugar da mãe arcaica, idealizada, necessária como o ar que se respira. O medo de perder a sessão revela o medo de ficar sem ar. Estamos longe daquela primeira sessão em que Marta não queria ir presencialmente porque estava numa boa na sua cama com sua gata.

O que poderíamos dizer a ela? Por exemplo, "percebi que hoje você fez de tudo para vir". Não é nada de muito especial nem muito profundo. A ideia é criar, no aqui e agora da sessão, a experiência emocional: "estou te vendo, sei onde você está". De modo que, além de trabalhar com a transferência de material inconsciente para as historinhas, trabalhamos com a transferência sobre o objeto. Quando dizemos alguma coisa que comunica à criança-em-Marta "estou te enxergando", o analista propicia a experiência "essa daí me entendeu". É o que permite a instalação do *chip* de um objeto psiquicamente vivo e presente, como o ar que respiramos. É um caminho para a internalização da estrutura enquadrante interna, que lhe permitirá fazer o luto primário e sobreviver à perda do objeto amado.

Finalizo este quarto e último encontro do ateliê chamando a atenção do grupo para o nosso processo. Primeiro, pudemos reconhecer a dinâmica plena/sobrando, tanto nas historinhas, quanto na transferência. Inclusive elaboramos a hipótese de que o traumático tem a ver com a exclusão primária, que é a exclusão do psiquismo materno. Graças à contratransferência, pudemos reconhecer a identificação inconsciente da analista com uma figura materna que "dá o mínimo". Entendemos, inclusive, que levar a paciente para o ateliê foi o manejo necessário para se descolar dela.

Quando mostrei este relato à analista de Marta para saber se autorizava a publicação, contou que, antes de voltar para a Itália, sua paciente foi presencialmente à sessão, deitou-se no divã como fazia antes da pandemia e, ao sair, fez questão de lhe dar um forte abraço de despedida. Estava lhe dando bem mais do que o mínimo.

O que aprendi com este ateliê?

Aprendi que há uma diferença entre o que chamei, neste ateliê, de exclusão primária e exclusão secundária. Honestamente, não sei se algum autor já fez essa diferença. Se sim, agradeço ao leitor que puder me indicar a referência. Seja como for, a interpretação do material clínico mostrou que a exclusão do psiquismo materno (primária) é completamente diferente daquela mais conhecida, a exclusão edipiana (secundária). Tivemos a experiência emocional e intelectual de ver um conceito nascer da clínica, para dar conta da clínica. Espera-se que possa servir para dar sentido ao material de outras análises também.

Esse ateliê poderia ter dois títulos, conforme eu decidisse privilegiar a dimensão intrapsíquica ou intersubjetiva da transferência. O primeiro é "A gata majestosa". Alude à historinha sobre a gata, cuja interpretação nos permitiu reconhecer o nó traumático entre a criança e seu objeto. O outro título possível seria "Dar o mínimo", que nomeia as identificações inconscientes agidas no campo transferencial, isto é, a dimensão intersubjetiva da transferência. Achei que "A gata majestosa" soava melhor.

O mais surpreendente foi termos entendido que o próprio fato de trazer o caso para o ateliê já era parte do processo terapêutico, já era o manejo necessário para desestabilizar o campo transferencial dessa análise. A analista se descola da identificação com o objeto interno, que "dá o mínimo", pelo simples fato de decidir fazer diferente do que sempre fez, e levar o caso para o ateliê. Ao longo dos quatro encontros, com a participação do grupo, investe maciçamente nessa análise e consegue finalmente se encantar com, ou melhor, redescobrir quem é sua paciente.

Referências

Gostaria de prestar um esclarecimento em relação às referências bibliográficas dos vários volumes que compõem a *Série Ateliê Clínico*.

Os ateliês são atividades cujo ponto de partida sempre é material clínico. Meu foco é a escuta e a elaboração de um pensamento clínico, o que supõe que a teoria está sempre lá como pano de fundo da dinâmica de cada encontro. Falo a partir do repertório teórico-clínico criado-achado ao longo de todos esses anos, a maior parte do qual está publicada nos meus livros, com as respectivas referências.

Não tenho a intenção de escrever textos que funcionem como referência para trabalhos acadêmicos, mas propor uma conversa despretensiosa que seja útil para a prática clínica de jovens colegas. Por essa razão, no calor dos ateliês aqui relatados, raramente cito meus autores de referência. Mas estou o tempo todo usando ideias que, como disse, foram criadas-achadas na minha relação (de incorporação canibalística?) com todos eles. Você vai notar que elas se repetem em muitos dos ateliês justamente porque são o fundamento da minha clínica.

Baranger, M., & Baranger, W. (1961). La situación analítica como campo dinámico. *Revista Uruguaya de Psicoanálisis*, *4*(1), 3-54. Disponível em: http://publicaciones.apuruguay.org/index.php/rup/article/view/792 Acesso em: 30 dez. 2024.

Ferenczi, S. (1991). Transferência e introjeção. In *Obras completas. Psicanálise I* (A. Cabral, trad., pp. 77-108). Martins Fontes. (Trabalho original publicado em 1909)

Ferenczi, S. (1992a). Análises de crianças com adultos. In *Obras completas. Psicanálise IV* (A. Cabral, trad., pp. 69-83). Martins Fontes. (Trabalho original publicado em 1931)

Ferenczi, S. (1992b). Confusão de língua entre os adultos e a criança. In *Obras completas. Psicanálise IV* (A. Cabral, trad., pp. 97-106). Martins Fontes. (Trabalho original publicado em 1933)

Freud, S. (2010a). A dinâmica da transferência. In *Obras completas, Vol. 10 – Observações psicanalíticas sobre um caso de paranoia relatado em autobiografia ("O caso Schreber"), artigos sobre técnica e outros textos (1911-1913)* (P. C. Souza, trad.). Companhia das Letras. (Trabalho original publicado em 1912)

Freud, S. (2010b). Recordar, repetir e elaborar. In *Obras completas, Vol. 10 – Observações psicanalíticas sobre um caso de paranoia relatado em autobiografia ("O caso Schreber"), artigos sobre técnica e outros textos (1911-1913)* (P. C. Souza, trad.). Companhia das Letras. (Trabalho original publicado em 1914)

Freud, S. (2010c). *Observações sobre o amor de transferência.* In *Obras completas, Vol. 10 – Observações psicanalíticas sobre um caso de paranoia relatado em autobiografia ("O caso Schreber"), artigos sobre técnica e outros textos (1911-1913)* (P. C. Souza, trad.). Companhia das Letras. (Trabalho original publicado em 1915)

Freud, S. (2010d). *O inquietante.* In *Obras Completas, Vol. 14 – História de uma neurose infantil ("O homem dos lobos"), Além do princípio do prazer e outros textos (1917-1920)* (P. C. Souza, trad.). Companhia das Letras. (Trabalho original publicado em 1919)

Freud, S. (2010e). Além do princípio do prazer. In *Obras Completas, Vol. 14 – História de uma neurose infantil ("O homem dos lobos"), Além do princípio do prazer e outros textos (1917-1920)* (P. C. Souza, trad.). Companhia das Letras. (Trabalho original publicado em 1920)

Freud, S. (2014). O fetichismo. In *Obras completas, Vol. 17 – Inibição, sintoma e angústia, O futuro de uma ilusão e outros textos (1926-1929)* (P. C. Souza, trad.). Companhia das Letras. (Trabalho original publicado em 1927)

Freud, S. (2016). Três ensaios sobre a teoria da sexualidade. In *Obras completas, Vol. 6 – Três ensaios sobre a teoria da sexualidade, Análise fragmentária de uma histeria ("O caso Dora") e outros textos (1901-1905)* (P. C. Souza, trad.). Companhia das Letras. (Trabalho original publicado em 1905)

Freud, S. (2018a). Análise terminável e interminável. In *Obras completas, Vol. 19 – Moisés e o monoteísmo, Compêndio de psicanálise e outros textos (1937-1939)* (P. C. Souza, trad.). Companhia das Letras (Trabalho original publicado em 1937)

Freud, S. (2018b). Construções em análise. In *Obras completas, Vol. 19 – Moisés e o monoteísmo, Compêndio de psicanálise e outros textos (1937-1939)* (P. C. Souza, trad.). Companhia das Letras. (Trabalho original publicado em 1937)

Freud, S. (2019). *Obras completas, Vol. 4 – A interpretação dos sonhos* (P. C. Souza, trad.). Companhia das Letras. (Trabalho original publicado em 1900)

Freud, S. Além do princípio do prazer (1920). In: ______. História de uma neurose infantil ("O homem dos lobos"), Além do princípio do prazer e outros textos (1917-1920). Tradução e notas de Paulo César de Souza. São Paulo: Companhia das Letras,

2010. (Obras Completas, v. 14).Freud, S., & Breuer, J. (2016). *Obras completas, Vol. 2 – Estudos sobre a histeria (1893-1895)* (L. Barreto, trad.). Companhia das Letras. (Trabalho original publicado em 1895)

Green, A. (1984). Les langages dans la psychanalyse. In *Langages, iième rencontres psychanalytiques d'Aix-en-Provence, 1983* (pp. 19-250). Les Belles Lettres.

Green, A. (1988). A mãe morta. In: *Narcisismo de vida, narcisismo de morte* (C. Berliner, trad., pp. 247-282). Escuta. (Trabalho original publicado em 1980)

Green, A. (1993). *Le travail du négatif.* Éditions de Minuit.

Green, A. (1999). Passivité-passivation: jouissance et détresse. *Revue Française de Psychanalyse, 63*(3), 1587-1600.

Green, A. (2005). O intrapsíquico e o intersubjetivo: pulsões e/ou relações de objeto. *Revista de Psicanálise da SPPA, 12*(1), 51-83. https://revista.sppa.org.br/RPdaSPPA/article/view/911

Green, A. (2012). *La clinique psychanalytique contemporaine.* Paris: Ithaque.

Herrmann, F. (2001). *Andaimes do real: o método da psicanálise* (3a ed.). Casa do Psicólogo. (Trabalho original publicado em 1979)

International Psychoanalytical Association. (2021, 1. nov.). *Entrevista com Laurent Danon-Boileau* [Video]. Youtube. https://www.youtube.com/watch?v=oE_m517fS3M. Acesso em 5 jul. 2024.

Kaës, R. (2018). *A instituição e as instituições*. Casa do Psicólogo.

Klein, M. (1991). Notas sobre alguns mecanismos esquizoides. In *Obras completas de M. Klein* (Vol. III). Imago. (Trabalho original publicado em 1946)

Laplanche, J. (1992). *Teoria da sedução generalizada e outros ensaios* (V. Ribeiro, & Z. Loparic, trads.). Escuta.

Minerbo, M. (2016a). *Diálogos sobre a clínica psicanalítica.* Blucher.

Minerbo, M. (2016b). Trauma e simbolização. In *Diálogos sobre a clínica psicanalítica* (pp. 81-106). Blucher.

Minerbo, M. (2019a, dez.). De onde me vem Isso? *Jornal de Psicanálise*, 52(97), 243-250. http://pepsic.bvsalud.org/scielo.php?script=sci_arttext&pid=S0103-58352019000200018&lng=pt&nrm=iso. Acesso em 30 dez. 2024.

Minerbo, M. (2019b). *Neurose e não neurose* (2a ed.). Blucher.

Minerbo, M. (2019c). *Novos diálogos sobre a clínica psicanalítica*. Blucher.

Minerbo, M. (2020a). Depressão sem tristeza, com tristeza e melancólica. *Revista Brasileira de Psicanálise*, 54(4), 160-176. http://pepsic.bvsalud.org/scielo.php?script=sci_arttext&pid=S0486-641X2020000400013&lng=pt&tlng=pt

Minerbo, M. (2020b). *Transferência e contratransferência* (2a ed.). Blucher.

Minerbo, M. (2023). *Notas sobre a aptidão à felicidade*. Blucher.

Minerbo, M. (2024a). *Ateliês clínicos, Vol. 1 – Para que serve uma análise? e outros ateliês*. Blucher.

Minerbo, M. (2024b). *Ateliês clínicos, Vol. 3 – Riscar um fósforo e outros ateliês*. Blucher.

Ogden, T. (2009) *Esta arte da psicanálise: sonhando sonhos não sonhados e gritos interrompidos*. Artmed.

Roth, P. (2009). *Indignação*. Companhia das Letras.

Roussillon, R. (1999). *Agonie, clivage et symbolization*. PUF.

Roussillon, R. (2001). *Le plaisir et la repétition*. Dunod.

Roussillon, R. (2002). Jalons et repères de la théorie psychanalytique du traumatisme psychique. *Revue Belge de Psychanalyse*, 40, 24-42.

Sandler, P. C. (2021). *A linguagem de Bion: um dicionário enciclopédico de conceitos*. Blucher.

Sociedade de Psicanálise de Brasília. (2022, 3 dez.). *Por que André Green? Do pensamento clínico ao paradigma contemporâneo – Entrevista com Fernando Urribarri* [Vídeo]. YouTube. https://www.youtube.com/watch?v=DCfpTsL5oJU&t=3325s. Acesso em: 08 jan. 2024.

Urribarri, F. (2012). André Green: a clínica contemporânea e o enquadre interno do analista. *Revista Brasileira de Psicanálise*, 46(3), 213-225. http://pepsic.bvsalud.org/scielo.php?script=sci_arttext&pid=S0486-641X2012000300015&lng=pt&tlng=pt

Urribarri, F. (2023, dez.). As passivações e seus destinos: as três dimensões do conceito de passivação de Andre Green. *Jornal de Psicanálise*, 56(105), 25-35. http://pepsic.bvsalud.org/scielo.php?script=sci_arttext&pid=S0103-58352023000200025&lng=pt&nrm=iso Acessos em 05 jan. 2025.

Winnicott, D. W. (1994). O medo do colapso. In: C. Winnicott, R. Shepherd, & M. Davis. (orgs.). *Explorações psicanalíticas* (pp. 70-76). Artes Médicas. (Trabalho original publicado em 1963)

Winnicott, D. W. (2007a). The theory of the parent-infant relationship. In *The maturational processes and the facilitating environment*. Karnac Books. (Trabalho original publicado em 1960)

Winnicott, D. W. (2007b). Ego integration in child development. In *The maturational processes and the facilitating environment*. Karnac Books. (Trabalho original publicado em 1962)

Winnicott, D. W. (2007c). From dependence towards independence in the development of the individual. In *The maturational processes and the facilitating environment*. Karnac Books. (Trabalho original publicado em 1963)